大展好書 好書大展

大展好書 好書大展

精選系列6

世紀末

迷失中國的末路

江戶雄介 著
吳秋嬌 譯

大展出版社有限公司
DAH-JAAN PUBLISHING CO., LTD.

序　文

日本媒體對鄧小平給予過高的評價。他的力量事實上遠不及毛澤東，完全是由幸運把他推向今日最高權力者的寶座。毛澤東對於繼任者採取集團指導制，拔擢沒沒無聞的華國峰。不料，在毛澤東死去的同年，周恩來也告去世，鄧小平乃趁亂崛起。

鄧小平結合軍系的楊尚昆、葉劍英等勢力，鬥垮華國峰，自己搖身一變成為魅力領導人物。從這點看來，鄧小平確實是一位懂得掌握機會、具有高明政治手腕的人物。

面對天安門事件後中國經濟的艱難處境，鄧小平祭出藉著「經濟開放」搜刮外國資本的方法，表面上掀起中國開放的旋風，但其成功的基礎，卻是建立在農民的大犧牲上，是一種「泡沫經濟」。

如今，大陸農民已經不再甘於忍受如奴隸般的地位。腐敗的中國官吏的繁榮，即將接近尾聲了。

外資企業的惡夢之日，也就是鄧小平死去的這一天，農民的憤怒將會成為大暴動的導火線，中國的泡沫經濟即將崩潰。至於江澤民，則會被下一任權力者鬥垮。這一天已經接近了。不，或許當各位讀者看到本書時，這已經成為事實了。

江戶　雄介

一九九五年六月

目録

第 1 章
鄧小平
大陰謀的終結

苦肉計「經濟開放政策」

現在回想起來，發生於一九八九年六月的「天安門事件」，好像已經是很久以前的事了。疲弊交錯的中國，在六年後的今天，卻成爲世界上經濟成長最迅速的國家，這件事在當時根本沒有人想像得到。今日的中國經濟成長，正如奇蹟般地迅速發展。而在幕後掌握全局的，正是鄧小平本人。毫無疑問地，他的功績一定會流傳後世。

但是筆者卻大膽預言，此一經濟開放政策必將出現破綻。

目前有許多日本廠商或商社紛紛湧向中國大陸，總數已超過一萬家。這個現象意味著，日本的泡沫經濟景氣，已經整個轉移到了中國。此一驚人的現象，正是無與倫比的策略家，鄧小平的苦肉計「經濟開放政策」所造成的。他就好像是將黑暗的中國，變成陽光大地的魔術師一般。

而這個魔術就是「經濟開放政策」。如今，很多國人都爲魔術師鄧小平的「經濟開放政策」所矇騙。爲免有更多的人上當，筆者將深入分析此一陰謀。希望在看完本書之後，已經前往大陸投資的人士，能夠做出明智的決斷。

「經濟開放政策」的對外宣傳，是以「社會主義市場經濟」這個莫名其妙的名詞爲口號，內容則是導入外資。

鄧小平所提倡的「社會主義市場經濟」，名稱本身就不夠透明化，因此很難明確地加以解說。

例如，一九九三年十一月，中共國家主席江澤民在由中國發展出版社所發表的『社會主義市場經濟到底是什麼？』一文中，曾作了以下的指示：「當前最迫切的任務，就是各相關幹部必須盡快培養社會主義市場經濟的基本知識。一旦瞭解錯誤，將會成爲實行資本主義。關於社會主義市場經濟，應該在大學徹底學習才對。」

那麼到底要學習什麼？與以往的資本主義有何不同？這些完全沒有探討，也無從探討。

另一方面，美日市場經濟的典型，卻可以很清楚地說明。因爲，美日的市場經濟就是資本主義。有關資本主義如何適合社會主義，連江澤民自己都不瞭解。

那麼，中國的市場經濟到底是什麼呢？

對這個沒有幾個人能夠清楚作出回答的疑問，筆者將在本書中作出明確的回答。關於答案，與其用理論方式來解說，還不如從現實中的中國各地來尋求。

在探討現代中國潮流時，國人經常會以「天安門事件」作爲劃分界線，事實上這是不對的。

一九八九年「天安門事件」對中共所造成的影響，其實還比不上始於一九六六年，結束於一九七七年，跨越十個年頭的「文化大革命」。因爲文化大革命的傷害，才有天安門事件的產生。爲了療傷止痛，鄧小平只好打出經濟開放政策。這個政策及主要內容，是以巧妙的名稱包裹導入外資的陰謀，藉助海外力量來救助中國。

鄧小平有句名言：「管牠黑貓、白貓，只要能抓老鼠的都是好貓。」這正是他的根本思想：「管它是社會主義或資本主義，只要拿出錢來的，就是好國家。」

無法相容、互相矛盾的「改革開放」與「社會主義」

鄧小平於九〇年提出的經濟開放政策，在九二年「十四全大會」中獲得正式承認後，更加快了推動的腳步。

這當中最引人注意的，是總書記江澤民在政治報告中提出的「社會主義市場經濟論」。除了將經濟成長率的目標訂爲八～九％以外，他還抬出鄧小平的理論是「現代中國的馬克斯主義」，將其比喻爲「具有中國特色，能回答社會主義建設這個最根本問題的答案」，並且提出加速改革、開放的訴求。至於對天安門事件的評價，雖然他會用保守的語氣表示這只是一次政治波亂，但是在實際演説中，卻將其定位爲「反革命暴亂」。在這次大會中，還選出總書記江澤民、總理李鵬、前中央紀律檢查委書記喬石、副總理朱鎔基、黨中央軍事委副主席劉華清、西藏自治區黨委書記胡錦濤及觀念論者李瑞環等七人，爲政治局常務委員，總共選出十三位新政治局員。至於被除名者，除了姚、宋二人以外，還有國家主席楊尙昆、全人代常務委員長萬里、國防部長秦基偉、前外交部長吳學謙等人。在全部的政治局員中，新人占三分之二以上，但沒有女性。

而新的中央委員會，則由委員一八九人、候補委員一三〇人組成。

在這次大會中，以握有軍隊主力的楊尙昆辭去國家主席的職務最受矚目。據瞭解，楊尙昆的下野，是在與鄧小平互相取得瞭解後，所作的暫時性安排。其證據是，到了九四年後半期，楊尙昆仍然是八長老之一，在幕後具有極大的影響力。

軍系主力楊尙昆、楊白冰家族，是鄧小平在天安門事件中借重的力量。和毛澤東在文化大革命中因爲有林彪軍隊的支持才得以復權一樣，每當鄧小平、李鵬的地位危急時，都是因爲楊家的援助才得以轉危爲安。

中國大陸的經濟的確在急速成長，這是因爲以往的經濟太過低迷，因此一旦導入市場原理、刺激個人收入，初期階段當然會活力十足。這原本是自然現象，但是外人卻給予過高評價。對於大陸高達二位數的成長幅度，低開發國家在經濟開發的初期階段，出現高達二位數的成長根本不足爲奇。各位應該注意的，是在經濟發展迅速的沿岸地區與發展較慢的內陸地區之內，出現了一〇・一的差距，長此以往，總有一天會引起爭亂。

鄧小平在九三年一月以「觀察南方」爲名訪問深圳、廣州，並發表「南方講話」，自吹自擂經濟開放的成果。稍後更根據既有的成果，於九四年十月的四中全會中，確立比開放政策爲磐石的方針。至此，鄧小平的執著與中國人的拜金思想整個合而爲一了。

鄧小平的最新策略，是以上海、浦東爲主，從長江沿岸的南京、武漢、三峽大壩到四川重慶一帶，建立强大的經濟發展中心。對於從屬於香港經濟、反對中央的深圳、珠海、汕頭等廣東省經濟特區、與臺灣密不可分的經濟特區廈門等地，則推出不予理會的新策略。

也就是說，鄧小平的新策略，是以感受到波斯灣戰爭及蘇維埃主義解體的危機感爲直接契機，從而產生的「富國强兵」政策，以培養科技產業及國營重化學工業部門的改革、重組爲支柱。

不管是「白貓、黑貓」，都要納入「敵人」的資本。這種認爲唯有大膽開放才能維持現有體制的想法，可說是中國逆說的發想。

中國大陸目標所在的市場經濟，一定會呈現互相矛盾的窘態。因爲，鄧小平意在保護中國社會主義，但卻突然改採經濟開放路線。這與長年實施市場經濟的印度不同。既然如此，爲什麼世界各資本主義先進國家爭相湧進中國而非印度呢？關鍵就在於鄧小平巧妙地以開放政策爲誘餌，讓不明究裡的人飛身撲入。

鄧小平導入外資的誘餌如下：

1. 與國營企業合併（容易取得進軍大陸的據點）
2. 免費提供土地建築物（不需要資本）
3. 提供勞動人口（不需耗費資本和時間）
4. 龐大的消費人口（十二億人的市場）

全球性的經濟衰退導致股票的不動產連連下跌，使得先進國家的資金無處可投，因此才會掀起這股中國投資熱。

換言之，鄧小平的如意算盤是，以近乎免費的誘人投資條件，將先進國家的資本和技術引進大陸，藉此復興經濟。

「開放路線」走的是市場經濟，很明顯地與「社會主義」互相矛盾。

就在互相矛盾的「鄧小平路線」的帶動下，中國經濟逐漸走向資本主義化。其實際狀況及發展方向，並非趙紫陽所說「具有中國特色的社會主義」，而是「具有中國特色的資本主義」；並非「社會主義的初級階段論」，而是「資本主義的初級階段論」。

現今的中國經濟，已是國際經濟的一環，再也無法回復昔日「自力更生」的鎖國經濟了。在鄧小平再三强調「改革、開放政策百年不變」的口號下，更加速了資本主義化的速度。

大陸擁有十二億人口，國人光是想到這個數字所代表的龐大市場，就忘了這是一個圈套。如果說衆多人口就代表龐大的市場，那麼人口將近九億的印度，應該超越擁有二億人口的美國和一億二千萬人的日本，成爲GNP世界第一位的國家才對。但是，儘管印度擁有九億人口的龐大市場，教育水準也比中國大陸高，卻依然非常貧窮。而印度這個活生生的例子，正好反映出中國的未來。

政治爲社會主義，經濟爲資本主義的矛盾之處，必須由政府的强權加以控制。但是，强權能壓抑國民到什麼地步？先進的資本主義國家是否容許這種行爲呢？這些都是值得深入思考的問題。

經濟自由化為民主化的關鍵

中國共產黨一黨獨裁的存續，對「他力本願」的經濟營運而言，是一大負面要因，日後必是導致中國經濟混亂的重要因素。

經濟自由化後，必然會導致政治民主化。而政治民主化的結果，必然會使共產黨一黨獨裁的體制崩潰。東歐諸國和蘇聯共黨政權的崩潰，看在中共政權的眼中，當然會心生警惕。於是，中共自九一年開始，就對西方資本主義國家試圖以和平方式摧毀社會主義體制及共黨政權，使中國民主化的作法抱持警戒，並致力於謀求對策。

但在「他力本願」的經濟營運下，中共無法立即提出反對理論，因此只好以潛行的方式，强化其防止民主化的對策。而中共之所以只是設法使正朝資本主義化邁進的中國經濟放慢腳步，没有完全禁止外資企業進軍大陸，是因爲它目前還需要依賴外國資本。

儘管東西對立的冷戰時期已經結束，但是以美國爲主的先進資本主義國家，仍然期待社會主義國家完全消滅。證據之一就是，美國和日本各自具有强大影響力的世界銀行和亞洲開發銀行，對於接受融資的國家，以必須實施市場經濟，不得給予國營企業大額補助金作爲融資條件。大陸許多國營企業之所以民營化或公開股份，就是爲了符合此一融資條件。問題是，對中共當局而言，不論是國營企業民營化或削減補助金，最後都會走向經營自由化，不再容許共產黨的幹部「寄生」其中，如此一來將會動搖共產黨獨裁的根本，導致獨裁政權的崩潰。

從數字上來看，中國大陸的國內總生產（GDP），從一九七九到一九九二年的十四年間，平均成長率爲九％，高達三·三倍。九二年爲十二·八％、九三年一月～六月爲十三·九％，而改革之初設定在二〇〇〇年要達到四倍的目標，預計在九四、九五年即可達到。此外，對外貿易總額也從一九七八年開始增十六％、從世界第三十二位躍升九四年的世界第十位，總額增爲一八五六億美元。

這些由中共公布的數字如果單純以美元來換算，則九二年的GDP爲四二〇〇億美元。這個數字比加拿大還低，而個人GDP爲三七〇美元，只不過比世界最窮國家的水準稍高一些而已。但是，九三年五月的國際貨幣基金（IMF），並非單以政府的統計換算爲美元，而是以住宅費、交通費、日用品購買等國內購買力爲基礎，以購買力平價（PPP）的基準來計算，因此一九九二年大陸的個人GDP爲一六〇〇美元，GDP總額達一兆七千億，一舉增加了四倍，僅次於美國、日本，爲世界第三位。英國國際戰略研究所在其所發表的「戰略概觀」中指出，這種情勢如果繼續發展下去，到了二〇一〇年時，中國將成爲世界最大的經濟大國。而由先前的數字，也產生了所謂的「中國威脅論」。

另一方面，大陸內部正展開舉發貪污瀆職，消滅腐敗的政策。由於法律體系整備太遲及順法意識不足，「太子黨」（高級幹部的子弟）及幹部假借權力謀求私利的腐敗現象，隨著近二年的開發熱潮再度蔓延開來。

八九年天安門事件的發生，就是因爲對通貨膨脹及腐敗現象的不滿爆發所致。因爲有了這個「前車之鑑」，黨中央及國務院乃於十月頒布「驅除腐敗相關決定」表明「對重大案件徹底追查」的決心，實際上也揭發了多椿次官級幹部的貪污事件，在河南省更有市長因此而被判死刑，只可惜對太子黨卻投鼠忌器，不敢採取行動。

總之，中國經濟絶對不會如歐美各國所預測的那樣，沿著二位數成長率的延長線持續發展。那麼，中國經濟究竟會走向何處呢？要想瞭解這一點，首先必須瞭解中國社會與經濟的構造。中國並非民主國家，並沒有資本主義，而是實施專制的社會主義國家。

因此，中國絕不可能如資本主義國家所估計的那樣持續發展下去。

我的結論是：

「經濟開放只是鄧小平設下的陷阱。」

爲了免費取得先進資本主義國家的資本和技術，乃設下這個可怕的圈套。

因爲，中國多的是土地、老舊工廠和勞工，唯獨缺乏資本和技術。於是魔術師鄧小平一邊唸著「社會主義經濟市場」的咒語，陸續開放國營企業成爲合併事業，一邊大力宣揚「中國有十二億人口的龐大市場」。但事實上，鄧小平的「經濟開放政策」，卻是一個巨大的陷阱，一個巧妙的圈套。

接下來就爲各位詳細說明外資合併的圈套。

領悟死期將至的鄧小平與中國的狂奔

即使是年逾九十，自稱還能活到九七年看到香港重回祖國懷抱的鄧小平，也領悟到自己的性命即將終結。

其徵兆表現在他以下的言行中。

鄧小平討厭個人崇拜，曾經公開表示絕對不會重返故鄉四川，並且禁止製作一切象徵個人的紀念品。在這一點上，他和瘋狂迷信個人崇拜的毛澤東完全不同。或許是自知死期將至吧？不久前鄧小平居然改變初衷，允許在四川省製造「自己的紀念章」。

九四年十二月底，根據來自上海的消息，鄧小平紀念章在其故鄉四川省共製造了二萬個。有鑑於對已故的毛澤東主席的個人崇拜，是導致文化大革命悲劇的主因之一，因此鄧小平一向最討厭個人崇拜。對於發行鄧小平紀念章一事，負責發售的四川青年報社（共產主義青年團機關報）曾作以下的解釋：「這是對中國發展貢獻良多的鄧，表達心意的一種自然表現，與崇拜或黨中央的指示無關。」

紀念章為銅製，直徑六公分、厚四毫米，價格不明。

經濟成長在正突飛猛進中的中國，又燃起了重回GATT（關貿總協）的慾望。一九四七年關貿總協成立時，中國是原加盟國之一，而在闊別四十年後，中共於八六年七月提出重新加入GATT的申請。中共之所以急於加入GATT，是因為大陸與GATT加盟國一〇四國的貿易額，占中國貿易總額一六〇〇億美元的八五%，一旦加盟，將可獲得各加盟國的最惠國待遇，進入GATT解決多角化紛爭的機構，取得與世界貿易有關的情報及外國的信賴。此外，面對國際分業所必需的開放政策，市場經濟改革及大幅降低關稅，加入GATT確實有其必要性。

另一方面，國際商業所不可或缺的「智慧財產權」，也有待確立。在中國，根本沒有所謂的智慧財產權。身爲社會主義國家，中國對智慧財產權的認識等於零。

那麼，今後中共在處理智慧財產權的問題時，會採取何種作法呢？我們從基本方向來探討一番。

對於大陸智慧財產權現況一無所知，而在中國投下大筆資金的日本企業很多，它們無可避免地會蒙受重大損失。事實上，日本人本身對智慧財產權的認識也不夠，因此往往不知如何收拾善後。

近來日本人終於習慣了「智慧財產權」一詞，並且逐漸適應，但是他們還是不瞭解其可怕的破壞力及今後的作戰方式。在這種情況下，他們很難在中國紮根。

在改革國有企業的政策下，大陸出現了一七〇〇萬名剩餘勞動人口，占全體從業人數的十五％。那是因爲，以往從大企業到醫院、學校、餐館各個單位，都有三分之一的從業員是與直接生產無關的「後備人員」。再加上員工的退休金，非生產部門的負擔不可謂不重。

此外還有很多負面要因。例如沿岸、國境等富裕地區和內陸貧窮地區的差距正逐漸擴大，即為其中之一。具體而言，情況已經到了「富者愈富，貧者甚至連穿的衣服都被奪走」的地步。以農村為例，從九二年開始，農民無力償還農作物代金的問題日益嚴重，而農村的疲弊，更使得有關單位備受指責。與此同時，投注於「開發區」的資金，並未如期回收。到了九三年春天，流入都市的農村剩餘人口，所謂的「盲流」高達五千萬人，據估計每年還會持續增加一千萬人，最後農村的剩餘勞動者將達二億人。

不只是日本和歐美各國，甚至連亞洲新興工業經濟群（ＮＩＥＳ），也積極在中國大陸進行投資。不過，在投資的同時，還請各位不要忽略了激烈的通貨膨脹等經濟過熱及不久就要面對的「鄧後時代」等問題。

勉強開放的大陸經濟，已經呈現過熱景象。就整個經濟面來看，在不動產、開發區及股票三方面，似乎有實行過度的傾向。是以儘管近年來年成長率超過一〇％，但是物價上升率卻也不斷增的。

一旦高度成長現象持續下去，無可避免地物價會上揚。物價上漲原是經濟成長中不可避免的過程，但隨著以往忽略成本而設定的商品價格或服務費用的相繼調整，像石油等因為價格被凍結而便宜的東西，勢必會配合國際價格而上揚，結果使得其它物價也受到波及。

在物價上升的同時，消費支出也會增加。企業除了一般薪水以外，還必須發給勞工獎金或紅利，從而提高了購買力。如今的中國大陸，象徵景氣的消費需要確實增强，但這僅限於部分沿海地區而已。

能源不足及社會生產基礎建立較遲，也備受指責。不過必要的外資，仍然在繁榮的出口背景下不斷累積。據推測，大陸持續一〇％高成長率的可能性非常高。

中國大陸與昔日的蘇聯不同，鄧小平以政治安定爲優先考量而獲致成功。

在利害調整的過程中，難免引發政治對立或抗爭，同時政府各部門也在爭相擴展勢力範圍。

外資非常重要，而中國大陸有勞動力卻缺少資本，因此極欲吸收外資。

最近發生的增值稅（附加價值稅）問題，因財政稅務當局和外資管理當局立場不同而引起糾葛，不過中央當局並未認真想過要限制外資或將外資趕走。

中國國土廣大，沿岸和內陸地區的差距懸殊。由於工資水準的差距，大批勞動力從農村移向都市。這時如果再出現政治不穩定等因素，很可能形成群雄割據的局面。隨著採分稅制的北京政府與廣東省的對立趨於表面化，更支持了此一論調。對立會導致紛爭，最後會阻礙經濟活動。

中共於九七年召開第十五屆黨大會時，江澤民將會是焦點人物。居時，軍隊的動向將成爲決定性關鍵。

北京與廣東的交涉，以條件鬥爭的方式進行，由於攸關利益，雙方的對立愈形激烈化。一旦正式決裂，勢必會出動軍隊。

與此同時，中國社會也有很大的改變。隨著經濟的高度成長，社會上出現了各種偏頗現象。此外，一旦生活改善、民智大開，自然就會提高走向民主化的機運。

問題叢生，但年成長率仍然持續超過百分之十幾，正逐步邁向市場經濟的中國大陸，因天安門事件而受到國際的孤立，卻因經濟開放的成功而恢復了威信。北京、上海、廣東、大連、深圳等沿岸地區的都市，陸續建築起高樓大廈、拓展高速公路，市民更是日夜謳歌，生活奢華。但在另一方面，貪污瀆職、高級官僚的腐敗、拜金主義橫行等道德低落的現象，卻日益嚴重。

如今，整個中國大陸都覆蓋在「恐懼」當中。

民衆「恐懼」通貨膨脹會使生活更加困苦、政府「恐懼」民衆會叛亂、下級黨書記「恐懼」農民會發起暴動、商人「恐懼」政策改變、外資企業則「恐懼」中共當局突然心血來潮大幅加稅。

國人應該要認清一點，那就是現在的中國已經不再是以往的禮儀之邦，而是典型的面從腹背型國家。無法者之尊重禮儀，就好像表現自己組織的上下關係一樣，往往把他人視爲螻蟻之輩。用最近的熱門話題來說明，各位或許比較容易瞭解。

那就是發生亞運會上的大陸選手的禁藥事件。

中國選手絕對不可能集體使用禁藥——這是大陸體育界所提出的辯解。

在廣島亞運會接受藥物檢驗後，女子游泳選手呂彬（十七歲）等十一名大陸選手，經證實服用禁藥，亞運評議會乃下令追回獎牌。在一次大會中，一個國家同時出現這麼多違規使用禁藥的選手，可說是史無前例的事。

至於中國當局，則提出嚴重抗議，認爲本國選手之所以被懷疑使用禁藥，是因爲歐美人士的種族歧視。

等到禁藥事件獲得證實後，中共當局除了對這次檢查結果表示「驚訝」外，並承諾對有關人員處以重罰。

但事實上，中共方面既未對相關人員進行處分，也不曾退還獎牌。

第２章
改造社會主義大中國的英雄們

昔日紅軍英雄們今何在？

曾經在長達數百年的時間裡一直處於混亂之中，被稱爲睡獅的中國，如今搖身一變成爲最具發展潛力的國家，對其歷史，國人自然深感興趣。就某種意義而言，社會主義中國可說是一個巨大的實驗場。

要瞭解現在的中國，首先必須掌握以下五個重點。

1. 國共內戰
2. 中華人民共和國成立
3. 文化大革命
4. 天安門事件
5. 鄧小平的經濟開放政策

對於實現社會主義中國的人民共和國的成立，以及曾經爲其傾注心血的英雄們，我們應該有多方面的瞭解。

以下就從大家所熟知的周恩來開始吧！

周恩來

周恩來於一九二八年的第六屆大會中，再度被選爲中央委員及政治局委員。同年訪問俄國，在停留期間曾於孫逸仙大學接受特別授課，並學習軍事教育，成爲最高領導者的候選人。在那之後，有好幾次眼看著就要成爲接班人了，但卻因爲種種因素而落空。

一九二九年，周恩來回到上海，表態支持總書記向忠發及其領導李立三。一九三〇年以中國共產黨主席代表的身分，被派往莫斯科共產國際的周恩來，或許攻擊了李立三，但實際加以攻擊的卻是王明。

周恩來進入上海政治局，成爲軍事委員會的負責人。同年，他由新執行部奉派前往江西，繼項英之後出任中共中央「華中局」主席。這時，支持王明（在莫斯科）的新任總書記博古，由上海進行遙控，並透過周恩來之手，調和在前往農村進行實戰的共產主義者之間頗孚衆望的毛澤東的影響力，結果發揮了很重要的作用（毛澤東當時雖是中華蘇維埃共和國臨時中央政府「主席」，但實際上只不過是政治局與共產黨華中局支部的一員而已）。

一九三二年，周恩來在朱德指揮的部隊擔任政治委員，在江西的聲望開始超越毛澤東。曾任黃埔軍校政治部主任教官的他，很快便獲得林彪、左權、聶榮臻、李達、葉劍英、蕭勁光、徐向前、陳賡等士官候補生及教官的支持。在上海、南昌等地的暴動中，他是負責組織的戰鬥英雄。停留莫斯科期間，他接觸到王明、博古等人所屬的「二十八人的布爾什維克黨」。而在法國爲了將年輕知識分子組織起來而創立共產主義青年團的表現，則贏得毛系勢力範圍所在的湖南重要人士的尊敬。之後在江西又掌握黨的政治領導權，使得他的影響力擴及新加入軍隊的幹部之間。

他所採取的，並非由一方以暴力手段壓制另一方以確保領導權的作法，而是致力於調和諸勢力使其保持均衡態勢。我想，周恩來之所以能獲得各派和相關人士的支持，就是因爲他那無與倫比的度量。

一九三四年，博古和洛甫將毛澤東趕出政治局，由周恩來擔任全軍總司令。即使是在這個時候，周恩來仍避免與朱德、毛澤東等人分裂。

在一九六六年八月召開的第八期十一中全會上，周恩來在黨內的地位獲得確認。之後，成爲中華人民共和國接班呼聲最高的周總理的責任，不斷地增加。當紅衛兵發動示威抗議時，他站在被毛澤東視爲「最親密戰友」的林彪下，接受舉手禮。

他所關心的，是如何維持行政機構正常運作，防止沾染昔日的官僚作風而導致意外事件於未然。中國之所以不再像以前那樣四分五裂，不曾形成無政府狀態，正是周恩來孜孜不倦努力的結果。在文化大革命中，擁有黨機構支配大權，有「中國布里滋涅夫」之稱——中共憲法上的國家主席劉少奇——及其在中央的支持者，曾試圖使周恩來的政治勢力破產，可惜未能如願。

據傳在一九六七年八月，民衆衝入英國大使館縱火，對代理大使施予暴行的事件發生後，周恩來曾對紅軍下達「回去，好好待在家裡」的指示。這件事或許正足以顯示中國方面的想法已經產生變化。

到了一九六八年，撇開毛澤東不談，在中國恐怕沒有比周恩來更受黨內外人士尊敬的人物了。早在毛還健在的時候，周恩來就已經是不可取代的要角。因此，很多人都預測，在毛澤東死後，新的「毛澤東」出現之前，周恩來在集團指導體制下成立的新的指導部中，將會成爲中樞人物，然而幸運之神並未降臨在他身上。在完成對美、對日復交之後，周恩來於一九七六年一月較毛澤東早一步死去，享年七十九歲。

賀龍

賀龍是資歷比毛更深的革命家，原爲湖南省桑植縣的軍人之子，生於一八九六年（清朝時代）。早在毛澤東嶄露頭角之前十年，他就已經組織農民武裝叛亂團體，過著類似「土匪」的生涯。

在十六歲之前，他幾乎不曾接受過學校教育，曾爲了塡飽肚子而殺害政府官吏，後來糾集一群犯法者逃到山上據寨爲王。到了二十一歲時，手下共有一萬九千人，統有八個縣。鄰近三省的叛徒在他的號召下集結起來，自稱爲農民軍。

由於他的勢力太過龐大，政府軍乃對他頒布大赦令，並給予金錢解散農民軍。恢復自由身後，賀龍前往長沙，想要與孫逸仙博士結爲同盟。一九二〇年，賀龍成爲國民黨軍的一旅。一九二六年，時任國民黨軍第二〇軍團長的他，宣布加入共產黨。並於一九二七年八月一日，和葉挺、朱德等人參加南昌的武裝暴動，事敗逃往上海，後又轉赴江西、湖南地區，和朱德一起組織新的軍隊擁護毛澤東。

儘管自一九二七年以來，賀龍就躍升爲軍隊的首腦，但是在一九四五年之前，他都只是一名軍人，並未進入中央委員會。

在一九三五—三六年，毛澤東、張國燾的抗爭中，賀龍麾下的第二方面軍拒絕支持張國燾，從而決定了張國燾失敗的命運。在抗日戰爭與第二次國共內戰的整個期間，賀龍擔任野戰軍的指揮官，復於一九五五年被任命爲人民解放軍的元帥。曾任閣僚（體育運動委員會主任）兼副總理，更在一九六六年第十一中全會中取得黨政治局委員的席位。不過在一九六七年時，卻因寫「大字報」對羅瑞卿表示同情，而遭紅衛兵猛烈抨擊。

終於，在文化大革命的波濤中，賀龍慘遭毛澤東殺害。

毛澤東

毛澤東在一八九三年出生於湖南省，爲貧農之子。對於自己的家庭，毛澤東曾有以下的描述：

「在我的家裡共有二黨。一黨爲支配者父親，我和母親、弟弟則聯合起來組成反對黨，共同對抗獨裁者。」

其父逐漸成爲富農。十八歲那年，毛澤東前往省都長沙，偶然間看到了孫文的三民主義，就此埋下成爲社會主義者的種子。關於其間經過，很多毛澤東傳都有很詳細的介紹，故在此省略不提。總之，毛後來成爲朱德的部下。

一九四五年，在中國共產黨的七全大會上，毛澤東被選爲中央委員會與政治局主席。在完成『關於聯合政府』一書後，毛澤東和周恩來連袂前往重慶（一九四五年八月），可惜他的想法並未實現。一九四六年六月，國共內戰再度爆發，毛澤東爲人民解放軍總司令，朱德則爲野戰軍司令。一九四七年共黨從被國民黨占領的延安撤退到山西的山岳地帶，毛澤東和周恩來、任弼時、陳毅、彭德懷等人共同擬定作戰計劃，終於在一九四八年解放延安及整個西北地區。

一九四九年，在毛澤東的『人民民主主義獨裁相關規定』中，規定毛澤東爲主席，同時指定於北京成立的臨時人民政府的成員，並依據憲法正式確認中華人民共和國的成立。一九五四年，全國人民代表大會推選毛澤東爲主席，出任國家元首。而在中國共產黨八全大會（一九五六年）上，毛澤東再度被選爲中央委員會及政治局主席，成爲政府上級機構的正式首長及黨的領導人。

一九五七年，毛澤東率領中國代表團出席在莫斯科舉行的十月革命四十周年紀念慶祝大會，並在由六十四團共產黨、勞工黨共同發表的宣言上簽名。停留莫斯科期間，毛澤東到處發表演說，宣揚共產主義世界的戰略優勢性。他最常用的字眼，就是「東風壓倒西風」「轉換點」等。當時，布里滋涅夫——所主張的讓冷戰「冰消瓦解」已經有了相當的進展——因而婉轉地拒絕了毛的「轉換點」的主張。布氏的拒絕，成爲中俄終止聯手對抗美國帝國主義的關鍵。到了一九六〇年，兩國正式宣告分裂。

在中國四千年歷史當中，毛的偉業相當獨特。他踩著貧農的肩膀取得了權力，最後卻將貧農棄置於泥沼中。身爲夢想家、戰士、政治家、理想家、詩人、自私主義者、革命破壞者、創造者的毛澤東，藉著將貧農階級轉化爲强大的現代軍隊，結果使得長久分裂的國家恢復統一。

另外，毛澤東也將中國人民的要求及熱切期待具體轉換爲思想體系，讓數百萬人接受科學和技術訓練，也讓社會大衆有了閱讀能力。爲近代化經濟打下基礎，更開發了震撼世界的核子力，重新拾回中國的自尊心及世人對中國的尊敬與敬畏。

此外，他還爲地球上貧窮及被壓迫的人，樹立了自立更生的效法對象。毛澤東拒絕與想要修正他成功方式的人妥協；對將近七十五歲的他而言，這或許是理所當然的作法。不過像鄧小平，即使到了九十歲也不肯妥協。

毛澤東的病，是因爲他的親信林彪，於一九七一年發動政變未遂所引起的。

一九七六年九月八日深夜，有「紅色皇帝」之稱的毛澤東，終於嚥下了最後一口氣。

楊開慧（毛澤東的首任妻子）

楊開慧出生於湖南的富裕人家，是毛澤東就讀長沙第一師範學校時非常尊敬的老師楊昌濟之女。毛澤東經常造訪楊家，在北京時更是常和他們一家人吃飯。

在當時，男女雙方的婚姻多半是由父母決定，而且大多數的新人並不像毛、楊那樣，在婚前即可見面。楊昌濟對於婦女權利具有相當開明的思想，他不但讓女兒接受高等教育，還允許她和毛澤東同桌吃飯。受到急進的楊開慧的影響，毛澤東於一九二〇年和當時二十五歲的楊氏結婚。

一九三〇年被捕時，楊開慧寧死也不肯捨棄共產黨或毛澤東，同年於長沙被處死。與毛澤東育有二子，分別爲毛岸菁與毛岸英。革命兒毛澤東之所以能夠出人頭地，楊開慧可謂居功厥偉。能夠娶到這樣的妻子，毛真可說是相當幸運的男子。

朱德

朱德本身相當優秀，年輕時很辛苦才掙得財產，但後來卻變得放蕩不羈。其後，他做了一件常人做不到的事，那就是捨棄辛苦掙得的財產，孑然一身加入由窮人所組成的團體。

少年得志，一度奢侈、放浪的他，在過了中年以後，卻毅然捨棄年輕時的墮落環境，憑藉意志力克服了鴉片毒癮，最後更捨棄家庭，將全部財產捐給他自認最能實現現代最高動機與目的的革命理想。他的堅毅、決不動搖的性格，使得敵人在盛怒之下，決定懸賞二十五萬元，作爲取他項上人頭的獎金。

朱德一度擁有九名妻妾，縱情於享受男歡女愛。在雲南首都，他爲妻妾們建造一座豪華的莊園，而且只要他想，再多的妻妾也可以到手。幾乎擁有一切，財富、勢力、親情、愛情及周遭衆人尊敬的他，並非完全不識孔子之禮的粗人。但是，書讀得愈多，他愈發現自己的無知及中國教育的落後。於是他抱著學習的精神周遊各地。最後並捨棄安樂、富裕的生活，投入充滿苦難的革命行動。

捨棄成群的妻妾及在雲南的奢華風氣，朱德在上海遇到一群國民黨的年輕革命家，於是加入了他們的行列。在此，他又接觸了另一批左翼的急進主義者。從封建的雲南走出來的背德上校、奉行多妻主義的將軍、吸食麻藥成癮者——這就是朱德。而他能毅然決然捨棄一切投入革命的懷抱，真的是很不容易。

一九二七年八月一日，朱德做了一個重大決定。這天，朱德接獲司令官朱倍德所下達鎮壓共黨暴動的命令。結果原本隸屬於國民黨的朱德，不但沒有出兵鎮壓，反而切斷了與過去的聯繫，加入了暴動軍。

在他背後關閉的城門，象徵著他和青年時代的成功，安全已經完全斷絕。擺在他前面的，是漫長的鬥爭歲月和貧困的生活。而更重要的是，朱德的陣前反戈，解救了年輕的毛澤東。

一九二八年五月二十八日，朱德將軍率領一萬鐵軍，來到井崗山與毛澤東軍隊會合，令毛澤東欣喜若狂。

筆者在此要特別强調的是，没有朱德，毛澤東無法存活，也不可能進行長征。朱德的到來，解救了危在旦夕的毛澤東軍隊。

一八八六年出生於四川，兄弟共十三人的朱德，在一九二七年八月發生的南昌暴動中，擔任紅軍總司令，一九四九年中國人民解放軍確立後，他的地位也告鞏固。

朱德大膽、充滿活力的一生，不論是在社會或歷史上，都留下了重要的記錄。朱德原是貧農之子，九歲時被帶到身爲資產家的伯父家中，在伯父的資助下接受教育。

受到周恩來的影響，朱德於一九二二年在柏林加入中國共產黨。而自一九二七年以後，已然成爲毛澤東的「第三隻手臂」。如果不是朱德的忠誠與奉獻，毛澤東不可能以農民爲基礎完成革命大業，而且居於最高領導地位。因此，毛的成功可說完全得力於朱德的支持。

一九五〇～五六年，朱德擔任中華人民共和國政府的副主席，五六年並出任全國人民代表大會主席。到了一九六六年，多年來一直是紅軍頭頭的朱德，成爲由毛澤東和幾位副主席所組成的中國共產黨中央常務委員會的成員之一。

朱德驚人的肉體持久性及簡樸的生活，使得他直到八〇高齡，仍然在四川省的ＹＭＣＡ學習，並且從事在軍中頗受歡迎的籃球運動。在第八期十一中全大會中，雖然還留在政治局，但已不再是常務委員會的成員之一。而在文化大革命時期，他和老戰友賀龍同遭紅衛兵攻擊致死。

陳毅

身爲人民解放軍十大元帥之一的陳毅，一九〇一年出生於四川省樂山縣，爲地方行政長官之子。

十八歲時獲得獎學金赴法留學（一九一九～二一年）。爲了生活，他一邊在港口幫人扛行李、洗盤子、到工廠工作，一邊在職業學校、理工科大學就讀。一九二一年間，加入後來發展爲中國共產主義青年團的中國社會主義青年團，成爲中國共產主義青年團的一員，並於一九二三年獲准加入中國共產黨。曾在北京中法大學唸了二年（一九二三～二五年）書，後來進入廣東黃埔軍校，在周恩來之下擔任政治部教師。

北伐時（一九二六年）和葉挺一起退到汕頭，與退卻的朱德會合進入江西南部。二八年初期追隨朱德上井崗山，二九年出任第十三師團司令，並負責指導紅軍第四方面軍的政治部門。一九三〇年在李立三所主導的中央委設置爭議中，表態支持毛澤東，其後更與彭德懷等人聯手發動福建事變，鎮壓黨內反毛澤東勢力。從一九三四年～三七年爲止，一場求生存的壯烈戰鬥正式展開。

隨著大規模中日戰爭爆發，在南方苟延殘喘的紅軍徵得蔣介石的允許，於葉挺、項英的指揮下重新編成新四軍。對新四軍的急速發展深懷戒心的蔣介石，決定將其全部派往日軍占領區內作戰。四一年一月，新四軍的一部分遭國民黨軍襲擊，項英被殺、葉挺負傷被捕。陳毅則獲得粟裕、譚震林、張鼎丞等部隊的支援，才得以保有其部隊，被毛澤東任命爲代理司令官。後來，劉少奇加入他的部隊成爲政治委員。

截至一九四五年爲止，新四軍陸續奪回被日軍占領地區的廣大部分，在華中建立起龐大的紅軍勢力。在中共第七屆大會中，陳毅被選爲中央委員。在日本投降、葉挺亡故之後，陳毅於一九四六年將新四軍改稱爲——華東人民解放軍——自己則擔任野戰總司令。

一九四七年國共內戰再起，陳毅的軍隊扮演了決定性的角色，四八年六月解放河南省會開封。其後不久，他又成爲「前線部隊總司令」，在這個司令部中，有劉伯承、粟裕、譚震林等人，同時鄧小平也加入成爲政治委員。在十一月的「進海」戰役中，陳毅給予蔣介石主力軍致命的一擊，國民黨軍失去華中東部地區。於是陳毅的部隊成爲第三野戰軍，朝南京、上海、福建各地及浙江、揚子江南部急速前進。

勝利後，陳毅歷任華東軍區司令官、中共中央華東局第二書記、上海市長、上海市黨委會書記兼人民革命軍事委員會委員。在中共憲法制定，全國人民代表大會成立後，一九五四年，陳出任國務院副總理及國防委員會副主席，五六年初期被選爲中共中央政治局委員。自一九四九年起一直由周恩來擔任的總理兼外交部長等職務，到了五八年則改由陳毅接任。

彭德懷

彭德懷出身富裕農家，六歲喪母，父親續絃的妻子因他對亡母念念不忘而懷恨在心。在舊式學校上學時，老師經常加以打罵。受到環境的影響，彭很早就具有保護自身利益的自覺。有一次，老師又像平常一樣對他加以體罰，於是他舉起椅子扔向老師，然後飛也似地逃回家去。後來老師向法院提出告訴，而繼母則落井下石，舉發他的種種罪狀。

經由家族會議，彭被認定爲惡人，就此決定了他不幸的一生。身爲富農之子的他，竟以九歲的稚齡被迫輟學充當學徒。

加入「紅軍」的彭德懷的主要事蹟，就是策劃以多妻著名的督軍何鍵將軍麾下的國民黨軍發起暴動。他先加入軍隊，然後一步一步往上爬，以委託學生的身分先到湖南、再進入南昌軍官學校。畢業後迅速嶄露頭角，到了一九二七年他二十八歲時，已經晉升爲旅團長，湖南軍稱他爲「自由主義」上校，對他的評價很高，同時他還負責領導兵士委員會。

彭德懷是有部分軍官學校候補學生參加的平江暴動的總指揮，其後又與農民暴動匯合，首次成立湖南蘇維埃政府。

具有豐富鬥爭經驗的彭德懷，是一名不知疲倦爲何物的領導者。在一般人的想像中，他應該非常瘦削才對，但事實上，菸酒不沾的他，體型相當肥胖。或許是因爲體型和興趣相近吧?對筆者而言，彭始終具有一種難以言喻的親切感。

對於部下端來的飯菜，彭每次都很有節制地吃。而所吃的食物，不外是高麗菜、稀飯、豆類、羊肉等，偶爾也吃麵包。寧夏一帶盛產各種美味的瓜類，彭德懷對其情有獨鍾。在言行方面，彭一向保持開放、直覺、始終一貫的作風，動作敏捷，談話內容富於幽默和機智，是極富魅力的人物。

在朱德之下指揮第八路軍，於第二次國共內戰（一九四六～四九年）期間擔任西北邊區副司令，侵入陝西擊潰國民黨軍。一九五〇年，繼林彪之後赴北韓出任中國人民「義勇軍」總司令，一直到與聯合國軍隊協議休戰爲止。曾任軍元帥（一九五五年）、政治局委員、國防部長，復於一九六〇年成爲人民解放軍與蘇維埃軍事顧問的連絡負責人，致力於中國軍隊的現代化及近代軍需工業的基本建設。

一九五七～五九年期間，中俄在意識型態及戰略上的對立日益嚴重，爲了爭取時間貯備力量，彭德懷主張與俄國和解。因爲，他不確定中國是否已經做好了採取「獨自路線」的準備。另一方面，他大力反對毛澤東的「自力更生」戰略及軍隊恢復延安時代游擊戰略體系的作法。一九五九年九月，在一次以黨內和軍隊首腦爲主的重要會議上，他的主張遭到否決，因而被免除職務，繼任者爲堅決主張軍隊應該拒絕蘇俄影響力的林彪。林彪是跟隨彭多年的老部下，但是最後卻背叛了彭。一九六七年，紅衛兵在大字報中，指稱彭爲反革命家，並舉出彭早自一九五九年起就陰謀推翻劉少奇與毛澤東等罪狀。

一九五九年八月，中共中央委員會於廬山召開會議，決定解除彭德懷的國防部長一職。因爲他反對毛澤東的「總路線」、大躍進、人民公社及「政治優先」等政策，並主張恢復與俄國的關係。在文革開始（一九六六年）與公開攻擊國家主席劉少奇後一年，隨著中央委員會內部毛派權力的强化，彭元帥終告失勢（繼任者爲林彪）。彭德懷是唯一敢公然批評毛澤東的文化大革命的人，可惜最後卻落得悲慘的下場。

林　彪

一九六六年，林彪公開宣布為「毛主席的親密戰友」。在中共十一中全會（一九六六年）之後，林進入常務委員會且掌握實權，並成為黨第一副主席、最高軍事委員會第一副主席、國防部長、國務院第一副總理，地位僅次於毛澤東。當時，所有的人都預測在毛主席死去之後，林彪將取代國家主席劉少奇，成為中華人民共和國的實際領導者

林彪出生於一九〇八年。當蔣介石於一九三四年被叛軍趕出江西時，林彪正率領突擊部隊展開長征。一九三五年，協助毛澤東在貴州省遵義被選為最高領導者。而在山西、陝西的戰鬥中獲勝後（一九三五～三六年），復於一九三六年十二月占領延安。在抗日戰爭中，林彪率領改稱八路軍的紅軍在山西北部作戰。他的一〇五師團擊潰了侵略的日本軍，正式命名為中國軍，是近代化軍隊能夠獲勝的最佳典範。一九三八年間，他在戰爭中身受重傷，赴俄休養二年。回國後曾在周恩來設於重慶的「外交司令部」待了一小段時間，其後又轉往由毛澤東任校長的延安共產黨大學擔任代理校長。

自一九五六年以來，林一直是主宰常務委員會的七人中的一人。在一九六六年的大動盪中，林向毛澤東保證給予武裝支持。在軍隊指揮下統合的一〇〇萬共產黨員，成爲文化大革命中決定全國整風運動的思想原動力。

在政治局裡，林彪是最年輕的一輩，但是一般人都認爲他在毛主席死後，會掌握中國的命運。因此，七一年當他因爲背叛毛而在逃往俄國途中墜機死亡的消息傳出後，很多人都感到十分震驚。據說這次墜機事件，是由毛澤東一手策劃的。

劉伯承

是與鄧小平並肩作戰時間最長的人，也是鄧小平的親友。一八九二年出生於四川省，一九二六年加入中國共產黨。曾任元帥，一九六七年出任政治局委員、全國人民代表大會常務委員會副委員長，以及握有大權的黨軍事委員會委員。

其父爲酷愛旅遊的樂士，爲兒子存了一筆錢打算讓他接受古典教育，不料劉伯承卻選擇了雲南講武堂，立志要成爲督軍上校，並在一九一一年加入革命行列。在一次戰鬥中，劉失去了一隻眼睛。加入中國共產黨後，劉在一九二七年的南昌暴動中擔任參謀長，為著名的獨眼龍。一九三〇年赴俄國赤軍軍官學校留學，回國後前往江西，擔任中央革命軍事委員會參謀長。曾指揮長征先鋒隊的一分隊，抗日戰爭（一九三七～四五年）爆發時，負責指揮第八路軍第一二九師團，在華北、華中一帶打游擊戰。後來與陳毅的軍隊會合，負責指揮中原軍的作戰行動（一九四八年），於長江北部擊敗蔣介石軍。

一九四五年初獲選為中央委員，一九五六年獲選為政治局委員。一九六六～六七年在激烈的黨內鬥爭中，表態支持毛澤東的林彪，是人民解放軍內的主要人物。為鄧小平一家的親友，與鄧的子女關係密切（已故）。

劉少奇

毛澤東一生中最大的對手，就是劉少奇。使毛惡名遠播的文化大革命，據說是為了打倒劉少奇而進行的。換言之，毛澤東一直將劉少奇視為威脅。

一九二八年夏天，中共於莫斯科召開六全大會。而在一年前，也就是一九二七年八月一日的南昌暴動中，朱德、賀龍結成紅軍。當時莫斯科的紅軍代表者李立三、周恩來、劉少奇等人，完全無視於毛澤東的存在。接近莫斯科的中共中央政治局下令攻擊大都市，後來與主張農村游擊戰的毛澤東，一直長時間對立。

劉少奇於一八八九年出生於富農之家，出生地在湖南省寧鄉縣，距離毛澤東的家很近。一九二〇年，曾協助毛澤東在湖南組織社會主義青年團。後來進入莫斯科大學就讀，在中國共產黨內屬於理論派。

一九三七年回到延安進入中央委員會任職，一九四三年支持毛成爲政治局和書記局的中心人物。抗日戰爭期間指揮華北與滿洲的游擊隊，成爲黨政治局分部的最高領導者。戰後從一九四五~六六年爲止，一直擔任中國共產黨中央委員會副主席。

一九四五年在中國共產黨七全大會上，劉少奇讚揚毛澤東的新亞洲馬克斯主義更勝於馬列主義。他的論文繼毛的論文之後，在往後的二十二年內，也就是直到一九六七年文化大革命爲止，一直都具有相當的權威性。一九四九年擔任副主席，一九五九年取代毛澤東成爲國家主席。主張自由經濟的劉少奇的政治理，比毛澤東更加優秀，而這是毛澤東所無法忍受的。

一九六六年毛澤東藉由林彪掌握軍隊勢力，並成立紅衛兵這個新的青年組織，開始對反動實權派進行攻擊。

紅衛兵以具有資本主義及反革命傾向爲由，對劉少奇展開猛烈的攻擊。除了劉以外，彭德懷、賀龍、鄧小平等人也陸續遭到下放。毛澤東爲了復權而展開的反擊行動，就是文化大革命。在毛澤東的策劃下，劉少奇遭遇了悲慘的死亡。

陳伯達

在留學俄國期間，陳伯達是少數幾個極力避免公然與不同派系的中國共產黨領導者結合的中國留學生之一。

除了毛以外，陳所寫的哲學、政治論文及黨史書籍，可能比其它任何知名中國共產黨員都多。在一九三七～三八年間，他甚至提出動員知識分子加入抗日統一戰線的方法。

一九四九及五二年，陳寫下讚揚史達林對中國革命貢獻的小册子，不過這純粹是基於中國共產黨正處於最需要依賴史達林時期的戰略運用。基本上，陳伯達之所以能在中國共產黨裡佔有一席之地，完全要歸功於他的著作『關於中國革命的毛澤東理論』、『馬列主義與中國革命』（皆於一九五一年完成）等書。此外，他也是『毛澤東思想』的編輯者，屬於理論派，寫有很多書籍。

葉劍英

葉劍英是鄧小平的支持者，人民解放軍的十大元帥之一。一九六六年成爲「中央委文化革命指導團」的一員，擔任中央委軍事委員會委員。已經成爲將官的葉，曾在莫斯科的孫逸仙大學就讀（一九二八年），翌年「並赴德、法學習戲劇」。

一八九七年出生於廣東省商人之家的葉，畢業於雲南講武堂（軍官學校），曾任廣東某縣縣長，一九二二年加入國民黨，一九二三年出任黃埔軍校教官。一九二四年加入中國共產黨。北伐時曾率領一個師團，失敗後參與南昌、廣州等地的暴動，並在俄羅斯、歐洲度過二年。一九三〇年回國後，曾擔任江西蘇維埃戲劇學校校長。

在周恩來取代朱德擔任革命軍事委員會主席、毛澤東與朱德成爲反主流派的一九三四年，葉劍英成爲革命軍事委員會委員。周、葉、朱德爲了發展長征而計劃撤退。在決定毛掌握黨政治局領導權的遵義會議（一九三五年）之後，張國燾公開反對支持毛澤東。抗日戰爭時（和周恩來一起），葉在國民等地擔任軍辦事處主任（一九三八～四五年），筆者曾在當地見過他幾次。據說，當時他正企圖說服山西省國民黨軍中十六名連隊指揮官參加紅軍。一九四六年葉出任人民解放軍總參謀長，一九四九年出任北京市軍司令兼市長，一九四九～五五年則擔任華南軍區司令及華南分局第一書記。

自一九五四年起進入國務院，一九六二年成為國防委員會副主席。其妻曾憲植為湖南人，在日本接受教育，多年來一直是婦女組織的全國領導者（已故）。

楊尚昆

鄧小平的支持者之一。自一九三六年起擔任山西中央委書記及統一戰線部部長，後來又出任中央委員會辦公廳主任。到一九五六年為止，在九十七名中央委員與九十六名候補委員當中排名第四十二位。到了一九六六年，因為某重大問題遭人告發，以致一切職務均被解除。楊尚昆，一九○三年出生於四川省中產階級之家。及長受到文化復興的影響，加入一個由社會主義者組成的青年團體，被派往由共產國際所創設的孫逸仙大學（莫斯科），在那兒加入中國共產黨分部。一九二七年與王明一起回到中國，成爲「二十八人布爾什維克黨」的一員。筆者曾在長征後見過他，當時他是紅軍政治部代理主任。一九五六～六六年擔任中央委書記處候補書記，當中俄決裂時，在與俄國及其它外國共產黨的會議中佔有重要地位。

一九六六年他陰謀策劃推翻毛澤東，結果遭人告發，紅衛兵在大字報中指他企圖竊聽毛主席的談話。一九六七年四月，北京的「革命幹部」要求將他和彭真、劉少奇、羅瑞卿等人一起處刑。後來他和鄧小平一起獲得平反，至今仍握有軍隊實權。在天安門事件中，他的立場是支持鄧小平。

陳　雲

反鄧小平派的首領。自一九三四年以來，一直擔任中國共產黨中央委員會副主席，一九六六年再度被選爲政治局委員。與劉少奇爲多年好友，爲此曾遭紅衛兵大力抨擊，不過在一九六七年公開表態後，情況立即好轉。

陳雲，一九〇〇年出生於上海一勞工階級家庭，二四年加入中國共產黨時任排版工人。他致力於整合勞工，並在江西蘇維埃政府中成立手工業勞工組織。一九三五年在遵義，表態支持反對政治局領導的毛澤東，後來出任革命軍事委員會委員，並以代表身分被派往莫斯科出席共產國際第七屆大會。他在莫斯科所發表有關遵義會議的報告，使毛澤東獲選爲共產國際中央執行委。

一九三七年，陳雲和王明、康生等人一起回到中國，在延安表明支持毛澤東的立場。他的著作『如何成爲優秀的共產黨員』（一九三九年）及劉少奇的『論共產黨員的修養』（一九三九年），取代以往的教條，在推廣毛澤東的馬克斯主義的運動（一九四二年）過程中，成爲主要學習文獻。

陳主要從事經濟、財政方面的工作（一九四〇～四五年），四五年和林彪一起成爲中央委員最高領導者，被派往東北地區，在當地爲日本投降後的權力獲得預作準備。四九年以後，成爲重工業、財政、國家計劃及勞工組織的主要負責人，五四年擔任國務院副總理。

陳和劉少奇同樣，是中國少數幾個具有實際將勞工階級組織化經驗的黨員之一。一九六六年第八期十一中全會後，他在政治局的地位，由第五位跌落到第十一位。因爲反對中央集權化的經濟、產業計劃及管理，乃遭紅衛兵指爲實行「經濟主義」。在九五年三月死亡之前，一直是對鄧小平政策批評最力的批判派首領，在中共政治圈中仍然相當具有權威。（死亡）。

中國這個社會主義國家，並不是光靠毛澤東一個人在短時間內創造出來的，而是靠著這麼多優秀人才的奉獻與努力才得以存在。因此，在談論中國時，絕對不能忘記這些人的存在。

第3章
鄧小平
得以逐鹿中原

毛澤東與文化大革命

文化大革命對於中國的影響，幾乎導致亡國的危機；至於天安門事件，則是中國近代化的陣痛。而帶領中國度過這些動盪時期、開闢今日成爲經濟大國道路的人，正是不屈不撓的革命兒鄧小平。因此，要瞭解現代中國，絶對不能不談鄧小平。

一九四九年十月一日，毛澤東及其同志們正式成立中華人民共和國，並由毛澤東出任國家主席。

戰亂期間展現優秀領導力的毛澤東，在接下來的近十年裡，反而無法像指揮作戰一般，順利推行其和平政治。

官吏和實業家格格不入、法律朝令夕改，使得行政一片混亂。法律充滿漏洞，使得人民無所適從，再加上民衆生活未見改善，於是黨內反對毛澤東領導的一派勢力大增。一九五九年，六十六的歲的毛澤東被迫辭去國家主席的職務，改由主張導入自由經濟的劉少奇接任。

革命既已完成，照說現在應該是功成身退、讓下一代接手的最佳時刻才對。但是，花鳥風月的退休生活，並不適合野心勃勃、充滿權力慾的毛澤東。農民出身的野性，使他無法甘於平淡的退休生活，他所要的，是集一切權勢於一身的帝王寶座。

毛澤東對權勢的執著，使得中國遲遲無法發展。成千上萬的知識分子被下放到邊境，而人民的生活甚至比以前更加困苦。

一九六四年，以專心黨務工作爲由將國家主席寶座讓給劉少奇的毛澤東，卻暗中聯合軍部，在軍中發行『毛語錄』。這次事件的共犯爲林彪，反對者爲彭德懷。作出正確選擇、反對毛澤東的彭德懷，最後卻反而遭毛鬥垮，下場十分悲慘。

爲了奪回讓給劉少奇的主席寶座，與林彪共同掌握軍權的毛澤東，於七十三歲時發起文化大革命運動，召集一群不知天高地厚的青少年組成紅衛兵組織。

獲得軍隊的支持後，毛澤東以提攜林彪成爲接班人作爲回報。在軍系勢力支持下，紅衛兵運動迅速推展，終於使得知識分子劉少奇和鄧小平失勢垮台。

反對毛澤東復權的軍系長老彭德懷、朱德、賀龍等人，也相繼垮台。在中共歷史上，這是一次相當可怕的「內部鬥爭」。

幫助毛澤東復權、一度被毛指定爲接班人的林彪，後來也遭到毛的排擠，最後在逃亡途中於蒙古附近墜機死亡。

文革的目標為劉少奇與鄧小平

一九六五年，已經七十三歲的毛澤東藉著文化大革命展開反擊，目標是國家主席劉少奇與鄧小平。

毛澤東發現，自己在黨內的同志只有三分之一。爲了將敵人完全消滅，他認爲應該摧毀整個共產黨組織。這正符合毛一向所謂「先有破壞才有建設」的邏輯。在其心目中，黨是否遭到破壞並不重要，因爲成爲皇帝的毛澤東，遠比身爲共產主義者的毛澤東更佔優勢。因此，即使必須傷害發誓效忠自己的人，毛也毫不在意。毛澤東的座右銘，是三國時代曹操所說的「有所懷疑就加以討伐。一旦將其討伐，就可不必擔心了。」亂世奸雄曹操，是毛澤東所崇拜的對象。問題是，他甚至連誰是敵人、誰是同志也搞不清楚。

分不清誰是敵人、卻不斷展開鬥爭的毛澤東的聲音，使得人民和黨員陷入嚴重的混亂中。毛到底想攻擊誰、下次鬥爭對象又是誰呢？沒有任何人知道。說不定就是我呢！每個人都爲此感到不安，而這正是毛澤東的目的。

毛起用林彪作爲自己的左右手。林彪自一九五九年接替彭德懷出任國防部長之後，就在人民解放軍內部大力推動毛澤東個人崇拜。另外，毛澤東指派秘書陳伯達、秘密警察長官康生及妻子江青組成中央文革小組，並授與實際領導權。中央文革小組在文化大革命期間，扮演核心組織的角色，是四人幫的前身。

毛澤東內心懷有很深的恐懼：甚至連史達林都不免遭布里滋涅夫批判，自己會不會也遭到相同的命運呢？於是他決定先發制人，先打敗有「中國布里滋涅夫」之稱的劉少奇及其同志鄧小平和其它持相同論調的黨內勢力。至於所謂的「文化大革命」，只不過是毛用來掩飾真正意圖的障眼法罷了。

爲了打擊對手，毛使出利用純真少年、少女進行破壞的卑劣手段，其妻江青則很高興地從旁協助。

初期的紅衛兵，多半是高幹子弟。從小就在這種政治環境中成長，對政治抱持强烈關心的高幹子弟們，對於這類活動當然會毫不猶豫地去進行。江青的主要任務，是訓練紅衛兵、接見紅衛兵代表。

毛澤東打算以紅衛兵作爲突擊勢力。然而，對於毛批判走資派的呼籲，人民並沒有太大的反應。很多人對當時黨的營運政策感到滿意，而且很多人的腦中仍然無法抹去一九五七年的教訓。當年，毛呼籲人民批判黨幹部，結果響應發言的人，全部被打成右派分子遭到鎮壓。

毛澤東認爲，如果任由人民依照自己的想法行事，黨的權威勢必蕩然無存，因此必須採取極端的手段，使其只服從毛澤東一人。就在這時，毛澤東的腦海中浮現出十幾、二十幾歲年輕人的身影。這個年紀的年輕人，正好在狂熱的毛澤東崇拜及「階級鬥爭」的思想中成長，具備反抗性强、不知恐懼爲何物、富正義感、勇於冒險等年輕人的特質。而且，他們還非常無知。

要將年輕人集合起來做出暴力舉動，必須有其對象。以學校爲例，最容易成爲暴力對象的就是老師。在刻意的安排下，多位老師被貼上「反動資產家學術權威」的標籤，遭到學生們大肆攻擊。和家庭成員必須以一對一的方式對決不同，攻擊教師必須藉助團體的力量。因爲在中國，老師是位於父母之上的權威象徵。當文化大革命展開後，全國各地的學校，毫無例外地都有學生謾罵、毆打老師的事情發生，有的老師甚至被活活打死。此外，也有學生私設「監獄」拷問老師。

之後，林彪以毛澤東的接班人兼發言人的身分，呼籲聚集在天安門廣場前的紅衛兵們離開學校，全力推行「破四舊」活動。所謂的「四舊」，是指舊思想、舊文化、舊風俗、舊習慣。

響應林彪的呼籲，各地的紅衛兵極盡破壞、無知、狂信之能事，闖入民家翻箱倒櫃、打爛骨董、撕破書畫或放火焚燒，將許多家庭珍藏的重要文化資財破壞殆盡。知名作家和藝術家，不是被施以暴行、公然侮辱，就是被迫眼睜睜看著自己的作品被燒燬，許多人在絕望之餘，乾脆自行了結性命。

不但博物館空無一物，連宮殿、寺廟、古墳、聖像、寶塔、城壁也慘遭破壞——總之，只要是「舊的」東西，都難逃紅衛兵的毒手。像故宮等少數文化遺產之所以能免於遭到破壞，是因爲總理周恩來特別下令禁止，並派遣警備軍隊加以保護的緣故。紅衛兵儘管無法無天，卻還不至於去碰當局明令禁止的東西。

在文化大革命以前，是禁止拷問的。然而，林彪卻對警察下達指示：「凡是老舊的規則，即使是由公安當局或政府的制定，也可以不必遵守。」對於階級敵人，大可去之而後快，不必有所顧忌。從另一個角度來看，這等於政府公開鼓勵暴力行爲。

剎那間，毆打和拷問風氣遍及全國。被紅衛兵抓住小辮子的人，動輒遭到毆打、被迫磕頭認罪，或被剃掉一半頭髮成爲「陰陽頭」加以羞辱。至於家產，則大部分遭到破壞或搜刮一空。在文明人的眼中，這無異是盜賊行爲。

許多學校慘遭破壞，圖書館更是一片狼籍，書架傾倒在地、書本被撕成碎片。每次襲擊終了時，紅小將們會在白紙上寫下黑字，成X形貼在殘破的窗門上代表封印，和納粹的作風如出一轍。尤其是書籍，成爲破除舊文化的主要目標。除了最近幾個月內所寫的書以外，其它書籍甚至只因爲書中不曾提及毛澤東的言論，就被稱爲「毒草」。除了馬克斯主義古典，被史達林、毛澤東、江青用作私人復仇工具的魯迅作品外，全國各地的藏書均被燒燬，中國許多珍貴文獻在這場浩劫中幾乎喪失殆盡。有的書雖然僥倖逃過一劫，後來卻被當成柴火燒掉了。可怕的焚書行動，在大陸各地如火如荼地進行著。

事實上，毛澤東真正要打倒的，是被他視爲最大阻礙的國家主席劉少奇。

在大字報中，劉少奇被攻擊爲「中國的布里滋涅夫」、「毛主席的最大敵人」。雖然尚未進行公開批判，但是明眼人一眼就看得出來，劉少奇的垮台已經迫在眉睫。在紅衛兵集會中所分發的印刷物，全然沒有有關劉少奇的報導。成爲毛澤東攻擊目標的劉少奇，也隱約察覺到自己已經陷入絕望的狀態。而將毛澤東神化、使得對宗教相當冷淡的中國年輕人，狂熱地崇拜毛澤東的始作俑者，正是劉少奇本人。

劉少奇原本以爲只要使毛澤東神化，他就會滿足於享有榮光的虛位，而將世俗的權勢交給自己。只可惜，他的想法太單純了。因爲，毛澤東要的不只是光環，還要擁有絕對的權力。低估毛澤東的權力慾及其陰險的一面，是身爲知識分子的劉少奇所犯最大的錯誤。

心機頗深的毛澤東知道，一旦國家完全崩潰，自己也會隨之滅亡，因此他下令保護能力頗獲認可的總理周恩來，並爲了預防萬一，刻意將行政手腕一流的鄧小平安置在周恩來身邊。

文化大革命的時間拖得很長，使得全國經濟陷於麻痺狀態。儘管都市人口正以千萬爲單位不斷增加，但在市街地區卻完全看不到任何新建住宅或公共設施。食鹽、牙膏、衛生紙、食品、布疋等民生用品，一律改採配給制，有的甚至從市場上消失了。民衆一整年都吃不到砂糖，半年才能配給到一塊肥皂。

到了一九六六年六月，學校完全停止上課。因爲老師們正忙著參加批鬥大會，或者組織造反派進行活動。學校停課，學生有如脱韁的野馬般更加狂放不羈。問題是，沒有書、沒有音樂、沒有電影、劇場、美術館、茶館都關閉了，多餘的時間除了打撲克牌以外，還能做些什麼呢?平常談到革命，每個人都忙得團團轉，但是毛澤東的革命卻無所事事、太空閒了。當然，有些年輕人的確從早到晚都在忙於紅衛兵的活動。而年輕人宣洩過多的能量和不滿的方法，就是在批鬥大會上對鬥爭目標施加暴力，或是與同志互相鬥毆。

中學生幾乎全都下放到農村去和農民一起生活，接受「再教育」。因爲毛澤東認爲：「受過教育的人其實比目不識丁的農民更加愚蠢，因此必須多和農民接近，改造自己。」

不過，父母爲革命委員會成員的年輕人，卻可以加入軍隊而不必下放到窮鄉僻壤去。在當時，加入軍隊是到軍隊去的唯一方法。在那之後，把子女送入軍隊成爲有權力者最常做的事。據估計，被下放到農村的年輕人，高達二〇〇萬以上。

毛澤東的另一愚蠢行爲，就是推行「全民大煉鋼運動」。多年來，毛澤東一直想要將中國建設成首屈一指的近代國家。由於認爲「鋼鐵是一切建設的首要條件」，因此毛澤東下達指示，要求在一九五七年僅能生產五三五萬噸的鋼鐵，到了五八年必須倍增爲一〇七〇萬噸。然而，毛澤東所謂的增加鋼鐵產量，並非透過具有專門技術的勞工發展真正的鋼鐵業，而是動員全國人民，對各「單位」規定一定的生產額。爲了達到指定的生產額，人們紛紛放下平常的工作，四處搜尋鐵屑。像這樣，毛澤東只是輕輕鬆鬆地說出預定的生產指標，而人們卻必須疲於奔命。

在當局的呼籲下，全國糧食生產主力—近億農民紛紛放下工作，投入煉鐵活動中。爲了取得燃料，許多山林的樹木遭到砍伐，各處山頭呈現一片光禿禿的景象。

在空地和農家的庭院中，出現了許多龐大的土法煉鋼爐。每到夜晚，爐火照亮了黑暗的夜空；人們來回走動的聲音，甚至在三百公尺外也清晰可聞。炒菜鍋、菜刀及其它用具，凡是用鐵製成的，都被投入爐中。既然已無鍋、斧可用，乾脆禁止在家中烹調，一律改在公共食堂吃飯。正如火如荼進行著的全民大煉鋼運動，使得孩子一連好幾個月看不到父母。

那種挑燈夜戰的景象，乍看之下宛如人間地獄一般。更嚴重的是，由於農民全都投入煉鋼工作，農田乏人耕種，因而引起飢荒。

受害最深的多半是農民，因爲農村不像都市那樣實施糧食配給制。中共政府的政策，是糧食供應以都市地區爲優先考量，因此人民公社的幹部，必須從農民那兒搜刮穀物。一旦農民被發現有私藏糧食的行爲，將會遭到逮捕、毆打或拷問。有些幹部不忍心向餓著肚子的農民搜刮糧食或只是表示同情，居然就遭到撤職或毒打。結果，在全中國境內，就有三千萬名自己栽種作物卻求不到溫飽的農民活活被餓死。

於一九五六年第八屆黨大會選出來的指導部成員，在第九屆黨大會結束後仍然活著的寥寥無幾。以政治局的十七名委員來說，只剩下毛澤東、林彪、周恩來、李先念等四人。

所幸經過十年的狂風暴雨後，終於露出一道曙光。一九七六年繼病弱的周恩來死去之後，毛澤東也於同年逝世。

因爲毛澤東的死亡，鄧小平才得以奇蹟般地重新活躍於政治舞台上。在此之前，鄧小平的生存之道頗值得國人學習。

三度被打倒、三度東山再起的鄧小平

出生於四川廣安的鄧小平，今年已經將近九十一歲了。四川省人口有一億多，在中國省級行政單位中人數最多。至於廣安一地，目前有一百多萬人口。

一九二六年鄧小平在巴黎加入共產黨。在當時，這是留歐中國學生出人頭地的方法之一，周恩來也是依循這種方法。

中國共產黨於一九二一年的陳獨秀（總書記）創立，毛澤東爲參加的年輕人之一。一九二三年，周恩來、朱德、蔡和親等人在歐洲成立分部，鄧小平則於後來加入。

一九二三年初，周恩來成爲中國共產黨歐洲分部、中國社會主義青年團歐洲分部的領導者，李富春、蔡暢等人也非常活躍，而鄧小平這時只不過是一個才剛進入共產主義殿堂的毛頭小伙子罷了。然而，年輕、熱情、活潑、積極的鄧小平，卻遵循周恩來指導部的指示、教育，一步一步朝職業革命家之路邁進。

鄧小平是以愛國青年的姿態，踏入共產主義殿黨的。以共產堂員的身分回到祖國後，他參加了國民革命，經歷過可怕的白色恐怖，在往後長達二十年的歲月裡，持續和軍閥勢力、日本侵略軍、國民黨軍作戰。

四十五歲時，鄧小平終於成名。他的名字，和中華人民共和國成立以來的建國歷史及人民革命史，有著密不可分的關係。

在黨中央和毛澤東的領導下，鄧小平和其它建國元勳們於戰爭時代，為開創中華民族的新世紀立下不朽戰功。曾與獨眼龍、劉伯承並肩作戰的鄧小平，就這樣從一個思想革命家成長為往來於戰場的革命家，最後成為戰場指揮官。

在他前四十五年生命中，有二十年的時間是面對接續而來的戰爭。

戰爭結束後，新中國成立，鄧小平升任「封疆（國境警備）」高官駐守西南。

一九五二年，奉中央指派轉任北京，於是偕同家人離開四川。在其一生當中，共有二次離開四川。抵達北京後先是擔任副總理一職，其後陸續出任共產黨中央秘書長、中央軍事委員會委員、國防委員會副主席、共產黨中央政治委員等職務。

一九五六年在共產黨八全大會上，被選爲共產黨中央政治局常務委員會委員、中央委員會總書記。

從這個時候開始，鄧已然成爲中國共產黨及政府最高領導階級的一分子。因爲擔任總書記，執掌中央書記處的日常業務，鄧小平成爲毛澤東的重要助手。後來又出任國務院第一副總理，展現靈活的政治手腕，因而成爲總理周恩來最得力的左右手。

六〇年代初期，鄧和劉少奇都被毛澤東指名爲共同負責第一線領導工作的接班人。

從一九五二～六六年這段期間，中國大陸的政治較爲穩定。整體而言，除了政策及施政上沒有錯誤外，新中國自建國以來經過十七年的建設與發展，已經建立了經濟物質基礎。中國能在國際舞台上占有一席之地，劉少奇和鄧小平功不可沒。

一九六六年，由毛澤東一手策劃的「文化大革命」爆發了。一股强烈的政治風暴，席捲整個中國。鄧小平以「走中國第二資本主義道路的實權派」的罪名，被迫下台。

文化大革命將政治導向錯誤方向，以致中國陷入大混亂當中。

被毛澤東指名爲接班人的林彪，因密謀殺害毛澤東失敗逃亡，不幸墜機身亡。但是對鄧小平而言，這卻是他人生的一大轉機。

一九七三年，毛澤東出人意料之外地再度起用鄧小平。由於周恩來罹病，因此毛澤東再度起用鄧小平擔任國務院副總理，作爲代替周恩來的人選。毛澤東並不是笨蛋，他這麼做自然有其道理。

一九七五年一月，眼見周恩來病情沈重，毛澤東乃將共產黨中央副主席、國務院副總理、中央軍事委員會副主席及中國人民解放軍總參謀長等重責大任交予鄧小平。

鄧東山再起後，首先看到的，是經過「文革」風暴洗禮後的悲慘社會景象。因爲自己也曾有過被打倒的經驗，所以他很快地衡量狀況作出判斷，基於對國家前途的責任感，以毛澤東所賦予的權力爲後盾，在不屈不撓的堅强意志下，遵照周恩來的指示，全面整頓「文化大革命」所造成的災難。

鄧小平大張旗鼓、旗幟鮮明的大膽行動，招致毛澤東夫人江青等人的反對。在中國政治舞台上，鄧小平與「四人幫」爲不共戴天的對抗勢力。

毛澤東在晚年做了許多錯誤的決定，其中之一就是把政治天秤的砝碼，放在「左傾」的四人幫身上。

到了這個時候，仍然相信毛澤東的人，只剩下他的親人和心腹而已。

一九七六年在中共歷史上，是情勢丕變、令人難忘的一年。

一九七六年一月八日，周恩來含恨而終。同年四月，鄧小平再次垮台，遭四人幫下放到邊境。

同年九月九日，毛澤東逝世。

同年十月六日，以江青爲首的「四人幫」被捕，華國鋒根據毛的遺言成爲國家主席。

一九七七年，鄧小平二度平反，恢復所有黨、政、軍職務，並迫使華國鋒下台。

鄧在其一生中曾三次被打倒、三度東山再起。而且，每一次復出都吸引更多人的注意，朝更大的成功邁進。由此即可證明，鄧的政治手腕確實高人一等。

在鄧的領導下，中國終於從「文化大革命」的廢墟中，重新開闢出一條改革開放的光輝大道，走向新的革命，新的長征。

「文革」結束，中國得以進入新的階段，乃是鄧的功績與幸運。

鄧小平所描繪的二十一世紀中國

鄧小平提出中國全新發展的藍圖。

到本世紀八〇年代末期爲止，GNP將成長爲八〇年的二倍，十一億人的食衣問題獲得解決。到本世紀末爲止，ＧＮＰ預計將成長爲八〇年代末的二倍，使人民的衣食問題進入小康狀態。

到了下一世紀中葉，亦即二十一世紀五〇年代，在中華人民共和國建國一百年之前，擁有十五億人口的中國，個人ＧＮＰ將達到開發中國家的水準，人民的生活富裕，基本上已經達到近代化的理想。

這就是鄧小平所描繪的未來發展藍圖。爲了建設具有中國特色的社會主義國家，在他的領導下，中國一步一步在模索中前進。

鄧小平取得政權十七年後，中國的進步與成長終於獲得各國的認可。單就這點而言，成果相當傲人。

二〇世紀最值得注意的人物，首推鄧小平，不過鄧小平仍然比不上毛澤東。因爲，他的經濟發展成果，是藉由巧妙的圈套矇騙外國勢力所達成的。

縱使政治手腕高超，年事已高的鄧小平，還是不得不於九二年辭去一切職務，從政治舞台上引退。不過，鄧小平的引退，是典型的退而不休，表面上是要進行世代交替、讓年輕的一輩接班，但實際上卻仍然掌握政治實權。

奴役十二億人民、將廣大中國玩弄於股掌間的毛澤東，可說是亂世奸雄。而在其腳下三度垮台、三度平反、年逾九十卻仍然支配整個中國的鄧小平，當然也不是普通人物。他不但在歷時超過十年的文化大革命風暴中殘存下來，還壓制住隨之而起的混亂局面、藉著參加越戰化解與軍隊的對立、編出「社會主義市場主義」這種互相矛盾的教義，並且成立經濟特區這種新種商業以克服貧窮。

論手腕，的確足以在歷史上留名。但是請各位不要忘了，在鄧小平以下的中共首腦，全都是土生土長、具有中華思想的中國人，因此他們的現行經濟政策，只不過是爲社會主義戴上市場經濟的假面具罷了。

所謂中華思想，就是以中國爲世界中心、不承認與他國爲對等關係的思想。

到一九九五年已達九〇高齡的鄧小平，雖然疾病纏身，但是影響力仍然不容忽視。只是，鄧小平倒下的×日，已經迫在眉睫了。

第 4 章

開放政革
為一大失政

導入外資實為「借貸」的權宜之計

中共奉行社會主義，企業自然以國營爲原則。如今原則已遭修正，國營企業正逐漸朝資本主義化邁進。

這是在鄧小平提出「開放政策」，允許國營企業與外資合併後所產生的現象。那麼，鄧小平何以將資本主義導入奉行社會主義的中國呢？理由很簡單。

中共國營企業一直處於虧損狀態，赤字逐年增加，如果沒有解救的資金，國家勢必會崩潰。而解救國營企業的唯一方法，就是向國外貸款。但是，放眼當今世上，有誰願意借錢給窮困的中國政府呢？於是鄧小平提出允許國營企業的外資合併的政策，作爲導入外資的誘餌。

由於國營企業的經營惡化，每年製造出數千萬名失業者，天安門事件（八九年）以後，中國的經濟愈形惡化。

對中國政府而言，最可怕的不是一小撮學生的民主化示威，而是國有企業勞動者的罷工。事實上，即使是在經濟迅速發展的現在，大陸各地仍然有大批遭國有企業裁撤的失業人口。

失業工人的不滿，雖然還不到叛亂的地步，但是在東北三省及內陸各省，卻相繼發生大規模的示威及長期罷工行動。而在北京，也有失業工人直接向政府當局提出抗議。

一旦國有企業的勞工持續罷工，勢必會對國家生產活動及國民生活造成重大影響，帶給政府極大的衝擊。

失業問題、工資發放太遲或根本無力發放，直接影響到勞工的生活。當其要求無法滿足、問題更如尖銳化時，所凝聚的力量和危險性，絕非學生的「民主化要求」所能比擬。因此，中共當局自然不敢大意。

大陸工人之所以罷工，是因爲失業、通貨膨脹、「官倒」橫行、經濟差距、犯罪活動急遽增加等問題未見改善，而其根本原因，就在於市場經濟化政策。有些民衆甚至認爲，諸惡根源就在於資本主義。

由「貧富不均」所造成的失望，使得部分民衆反而懷念起徹底實行社會主義的毛澤東時代，因而採取憤怒的抗議行動。

虧損國有企業的破產宣告也在控制下

考慮到對雇用的影響，中共國家計劃委員會的首腦們所擬定的國有企業改革方針，是避免大型企業成爲宣告破產對象，而將對象侷限於中小型企業。同時並利用統合、合併等方式，設法使企業重建。

在由日本經濟企劃廳與中共國家計劃委所進行的次長級中日經濟協議中，日本方面曾在北京記者會上，對這個問題表示憂心。

中共副總理鄒家華及國家計委副主任王春正指出，當前中國經濟的主要課題，在於抑制通貨膨脹，並强調應該從强化財政、金融方面的宏觀經濟管理政策著手。有關通貨膨脹的主要因素，包括糧食價格上漲等的價格改革、固定資產投資（公共投資與設備投資）增加、薪資上升所引起的通過供給量增大等。

爲了改革虧損的國有企業，中國政府指定上海、天津等十八個都市爲國有企業「破產模型都市」，通知該十八都市的地方政府，對年內赤字嚴重的國有企業共計四十家以上宣告破產。九四年十一月間，副總理朱鎔基等中央領導人，曾蒞臨地方政府巡視，呼籲實施新方針，同時指出宣告國有企業破產，是使負擔沈重的地方政府得以喘息的新政策。詎料，由於失業人數大增及由失業所造成的巨額財政負擔，反而招致地方政府的强烈抵抗。長此以往，勢必會引起動亂。

九四年十一月底，中共中央對上海、天津、青島、武漢、重慶等十八個地方政府，下達「國有企業破產模型都市與破產實施通知」的指令。亦即指定上述地方都市爲國有企業破產模型都市，要求各都市在其虧損的國有企業當中，選出二、三家無法恢復經營的，在年底前宣告破產。

在沒有所謂失業保險的中國，爲免因國有企業宣告破產而導致社會不安，國務院特別指示各地方政府支付相當於失業者前年年收入三倍的失業救濟金，藉此保障其生活。

據估計，中共今年國有企業的赤字總額，將達五百億人民幣，因此中央政府强烈地感受到必須對國有企業提供補助金的壓迫感。體認到「如果持續對國有企業提供補助，則警察、教育等公共設施經費，勢必要大幅縮水」（國家經濟體制改革委員會幹部），因而制定虧損國有企業宣告破產的新政策。

爲了貫徹新政策的實施，副總理朱鎔基於九五年一月前往經濟發展最迅速的上海，呼籲地方政府徹底執行此一政策。另外，共產黨中央政治局員吳邦國也走訪擁有很多大型國有企業的遼寧和吉林省，與地方政府就國有企業倒閉一事交換意見。

儘管如此，强行要求國有企業宣告破產的新政策，還是遭到地方政府强烈抵抗。在四川省，由失業者所發起的示威活動急劇增加，而員工阻撓國有企業向法院提出破產申請的案例，也層出不窮。另一方面，中央要求地方政府自行籌措失業員工補助金一事，也引起强烈反彈。

市場經濟政策的矛盾

在中國大陸，真正賺到錢的，只有一小部分人而已。在十二億人當中僅〇・一%，亦即一百萬人以下。經濟開放政策不但沒有讓一般百姓致富，反而擴大了貧窮階層。

隨著國有企業因赤字日益嚴重而倒閉或被外資收購、合併，大陸也出現了社會主義國家不應該有的失業問題，而且正在逐漸惡化當中。

通貨膨脹的問題也不容忽視。通貨膨脹是資本主義初期階段，伴隨著經濟成長而來的必然現象。但是像中國大陸這樣，在有大量失業人口的情況下又出現通貨膨脹，處理起來可就棘手多了。

「官商」勾結、黨員幹部的腐敗，更使得民怨四起。中共當局若再放任不管，總有一天會自食惡果。

另一個值得注意的現象，是不但農村和都市、內陸地區和沿海區的經濟差距逐漸擴大，甚至連都市內部也有顯著的貧富差距。

經濟上的差距，使得人們開始懷念起「改革、開放」以前「雖不富裕，但至少大家公平，而且不會失業」的社會主義時代，有些民衆甚至不諱言寧願回到以前那個時代。毛澤東商品現在之所以暢銷，原因即在於此。

許多暴發户或多或少都與「官商」有所關連的事實，更加深了窮人對經濟差距的不滿。

受到「拜金主義」的影響，國民道德日漸低落，犯罪率則相對提升。尤其是在都市地區，人們一切向錢看，完全將道德約束力拋在腦後。

爲了金錢，到都市求職的工人不惜挺而走險，而紀律嚴格的軍人也不惜違法亂紀。昔日中共口中的「資本主義墮落的一面」，如今已經明顯地出現在中國内部了。

由於這些改變與市場經濟有關，因此人民自然會將心中的不平、不滿轉向市場經濟化政策。

中共當局所採取的因應對策，就是强化公安警察及武裝警察隊的機動性，並增加人手。有鑑於在「六·四」事件中出動人民解放軍，結果演變成流血事件，招致各國交相指責，中共當局決定下次再有「暴亂」發生時，將不再出動軍隊而以機動部隊來維持秩序。

改革國有企業是以往不曾有過的經驗，因此在市場經濟轉變上引起很大的爭議。去年，爲了擺脫經營不振的困境，許多國有企業的紛紛向外資企業示好。不過，國有企業經營難以開展的問題存在已久，是以很難吸引外資投資。在這種情況下，某些國有企業乾脆改弦易轍，轉向民間籌集資金。

例如，有中國十大重工業企業之稱的洛陽礦山機器廠，就投入民間機構的佼佼者，中國國際信託投資公司（ＣＩＴＩＣ）的門下。洛陽礦山機器廠爲一超大型國有企業，是自中共建國以來的數十年老店，有員工二萬餘人，固定資産達四億二千萬人民幣。

眼見當局利用其它國有企業陸續收藏秘魯等海外企業，卻任由以前的優良鋼鐵廠陷入困境，甚至連工資也無法發放，員工自然心有不平。在中國最北端的黑龍江省，就發生大批勞工爲抗議遲發工資而發動示威的情形。

由於「將煤、石油、木材等資源貢獻給國家，結果資源減少了，地方經濟也告衰退」，難怪民衆會自認爲是由計劃經濟轉爲市場經濟下的犧牲品。

工廠停工、無事可做的失業勞工充斥街頭巷尾，早已不是罕見的景象。據中共公佈的資料顯示，九三年勞工爭議案件有一二三五八件，到了九四年則大量增加。另外，根據財政當局的統計，九四年上半期（一～六月）出現赤字的國營企業有一六六〇〇家，赤字總額達二一九億七千萬人民幣，與前年同期相比增加二二・八％。

由此可見，光是依賴外國資本、經營手法及技術的「他力本願」和打倒「口號」的作法，並不能使國有企業脫離困境。

而在鄉鎮企業（農村企業）方面，早在中共轉變爲社會主義市場經濟（九二年）之前十年，就擬定了消費者第一的路線，企業活動相當熱絡。與外資企業、私營企業、個人企業相比，雖然進行政革卻一直沒有進展的國有企業，擁有衆多從業人員，是屬於基幹產業，因此經營改善的成敗，將會影響整個中國的經濟。

目前中國大陸的實際狀況是，政府拚命緊縮金融而致企業經營惡化、勞資糾紛頻起。

自七月起通貨膨脹率突破二〇％且不斷上升，迫使國務院在八月末召開全體會議時，不得不以抑制通貨膨脹爲優先課題。抑制通貨膨脹與國有企業問題，是一體的兩面，一旦處理不當，將會導致社會、政治不安。

大陸經濟從九二年起出現高達二位數的成長率，去年也維持一三·四%的高成長率。與此同時，則出現了經濟過熱、通貨膨張急遽上升等問題。事實上，自八九年起，四年來大陸的通貨膨脹率一直維持二位數的上升，九四年更達一三·二%。

爲了抑制通貨膨脹，中共當局開始採取緊縮金融的對策。在第一、四半期裡，經濟成長率及投資成長略見遲緩，而通貨膨脹的成長速度也減慢了。受到金融緊縮政策影響的，是體質較弱的國有企業。出現赤字的企業，從以往的三分之一增加爲二分之一。陷入經營不振困境的某些國有企業，因爲付不出薪水，只好讓工人暫時回家休息。此外，宣告破產的企業也不斷增加。

因勞工心生不滿而引發的爭議，光在第一、四半期就有三一〇〇件，與前年同期相比，增加了六六%。然而，政府對民衆的不滿之聲，卻充耳不聞。

在一片經濟開發聲中，民衆開始「一切向錢看」，只要有錢可賺，對任何事都會義無反顧、勇往直前。

在外資導入方面，中國政府採取緩和政策。以往通貨膨脹僅限於製造業、能源開發、飯店等外資出入的範圍，如今則擴及流通、零售、金融、保險等第三次產業及不動產、住宅開發、港灣、道路、鐵路、機場等事業。國內的旺盛需求及緩和的外資導入政策，果然在國際間掀起一股大陸投資熱。

以日本爲例，自一九九二年起，對大陸的直接投資即不斷增加。從一九七九～九一年爲止，日本對大陸的投資案只有一九七〇件、總額約四一・二億美元，但是光一九九二年就有一八〇五件、總額爲二一・七億美元，一九九三年增至三四八八件，總額增至二九・六億美元。

總之，自一九九二年以降，日本對大陸的投資件數，即出現倍數成長。在金額方面，一九九二、九三年的投資總額，已經超過過去十三年的直接投資總額。

一九九三年日本對大陸的投資，占日本企業海外投資的五％。換言之，大陸已經成爲日本在亞洲的主要投資對象。

根據大陸官方的統計，截至一九九三年底爲止，日本對中國的直接投資件數累計達七一八二件、契約金額達八九・三四億美元，實際投資額則達五十二億美元。

依國別來看，在契約件數、契約額上，日本對大陸的投資位居第四，僅次於港澳、臺灣、美國，實際投資額則僅次於港澳、美國，居第三位。

對外資企業的批判極多

據大陸官方表示，以廣東省爲例，外資企業的國外輸出製品中，有三〇%會再度輸入國內，但價格卻比原來上漲了許多。

此外，官方還抱怨上當，從國外買了許多老舊的設備。

例如，某家中日合作的服裝公司，日方宣稱以八十七萬二千美元的價格，購入一四〇台中古毛織機器，然而根據大陸商品檢驗局的鑑定，這批機器實際上只值二十九萬五千美元。

另外，福州某外資製鞋公司，以五十五萬美元購買了實際上只值十九萬美元的設備，並以此作爲擔保向中國銀行融資一〇七萬美元，得款後投資者放棄工廠捲款潛逃回國。

江蘇、福建的商品檢查機構，從九一年十一月到九二年年底爲止，對一五五家外資企業的投資設備進行調查，結果發現其中一五二家有哄抬買價之嫌，廠方所宣稱，總價達七六二八萬美元的設備，經鑑定後實際價值只有五四二五萬六千美元。如果傳聞屬實，那真是非常嚴重的問題。

外國與大陸簽定的經濟契約，八二年以前不到四億件，然而到九三年已超過三十億件、契約金額達一百兆人民幣。全國六百萬家企業、一五〇〇萬個體户及十四萬家私營企業，透過經濟契約從事經濟活動。

中共原本打算推動社會主義市場經濟，詎料經濟活動卻從預期中的接受中央指令，轉爲各企業、工廠間基於契約而進行的關係。

這次的投資活動，比八五年的投資熱潮還要興盛。不單是投資案件契約金額增加，日本少數大企業更是揮軍大陸，進行「山崩式投資」。

鄧小平所設下的「網」，吸引許多日本不斷地往裡面跳。在不知不覺間，日本企業對大陸的投資，已經陷入無法自拔的地步。早在只知反省過去、卻不懂外交手段的前首相細川打出中國牌之前，具有宏觀經濟理念的日本商人，就已經熱中於對大陸投資了。在這波熱潮下，許多日本企業開始將生產主力轉移到中國大陸。

大陸之所以引進外資企業，一方面是想要完成技術轉移及學習生產管理方法，另一方面則是想要利用外資替中國企業賺錢。由締結企業合併契約時，大陸方面會載明製品中有幾成必須輸出一事，即可知道外資企業對大陸而言，是賺取外匯的重要「法寶」。

不過，在對大陸投資的企業中，能夠達到輸出比例的很少。而隨著經濟成長，外資對於進軍大陸不動產也愈來愈有興趣。這個現象，令人不禁擔心日本的泡沫經濟將在大陸重演。

由巴西處理累積債務的方式就可知道，接受融資的國家，立場往往比提供融資的國家更為強硬。

由輸出比例、國有企業的債務處理、不動產擔保、勞資關係等日系企業所面臨的問題，就可知道中共是較為有利的一方。先前這些問題，就是中共用以要挾的「人質」。日本產業對大陸的投資愈大，則「人質」的價值也就愈高。

在上海，為了區別外國企業、機構及本國機構、企業的自用車，分別給予不同顏色的車牌。最近，國內外機構、企業的車牌已經統一，私人轎車則使用以往外國機構、企業專用的黑色車牌。由私家車的不斷增加，可知大陸已經產生了一批新的有錢人。在今日的大陸，經常可見家庭主婦開著私家車接送孩子上下學的情景。

在從計劃經濟轉為社會主義市場經濟的新制度系統尚未完備，法制仍在整備中的情況下，游走法律邊緣及鑽法律漏洞謀取利益的行為處處可見。

反之，窮人也不斷增加。「盲流」在上海浦東開發區偷取馬路上的下水道孔蓋當廢鐵賣，以致夜間騎車經過的人跌倒受傷；此外，黃河流域的水量觀測塔也經常遭到破壞。據估計，光是從九二到九三年六月這一年半間，黃河流域水量觀測塔發生的破壞、偷盜事件，就達五十二件。九二年遭鐵路警察逮捕的犯罪者，達二五〇〇〇人，而犯罪者中爲農民出身的比率，最近幾年來急速上升。

在深圳，八七年外來人口的犯罪比率，占全市六七%。而鄰近的寶安縣，八五年外來人口的犯罪占全部的七一%、八七年則上升爲八二%。

與當地居民相比，外來者的生產率較高。當初夫妻倆離開故鄉時，可能只帶著一、二個孩子，但幾年後回到故鄉時，往往兒女成行。

不可否認地，盲流對於都市地區的經濟具有一定貢獻，因爲他們使得勞力不致短缺。以廣東爲例，就有六五〇〇萬人外出工作支撐輸出產業。目前，大陸當局對於盲流已經開始實施新政策，那就是民工許可制、預約制。從今年開始，上海市將向其它省分通報所需的勞動量，由各省以統一管理、組織的方式提供勞工，而上海當局則負責提供住處。

安徽省外出工作的人口，達五百萬人，大部分是前往廣州、深圳、珠海等地。儘管如此，全省十六個地區、六十八縣仍然有勞工過剩的現象，因而迫使更多人外出工作。在國有企業較多的東北地方及進行人員削減的煤礦礦場，也有同樣的情形產生。

總計大陸出現赤字的國有企業，約占全體的四〇%；在全體從業員中，大約過剩二〇%。不合市場經濟時代要求的製品滯銷及過多的勞動人口，是導致赤字的主要原因。

在政府停止提供補助之後，赤字企業只好以停止生產、要求員工回家待命或大幅削減薪資來因應。而員工除了遭到裁員或減薪之外，還面臨將近二〇%的通貨膨脹，內心的不滿當然會逐漸升高。

改變中的中國社會

中國的法律是律與令，是刑罰式君主的命令，爲上方管理下方的手段。在西方萌芽的人權思想，主張：「人生而平等」，但在中國，每個人的價值不盡相同。即使是在今日，中共仍然認爲「上層」法律就代表正義。舉個例子來說，在服裝界小有名氣的「佐丹奴」，去年即無端遭到勒令停業的命運。而在最近，與大陸當局簽定二十年契約的麥當勞北京店，也被勒令中止租約，雖經抗議卻無法挽回。

近年來中共礙於歐美輿論而陸續釋放了一批政治犯，不過這並不表示他們已經具備人權意識。說穿了，這只不過是中共對外宣傳的手法罷了。在中國內部，會談到人權問題的，只有一部分具有西洋法律觀念的學生及知識分子，而一般民衆根本不知道何謂人權。

中國以具有絶對權威的官僚來支配壓倒性多數的統治方法，一度擴及其在亞洲各地的屬國。在這種情況下，中國自古以來，一直沒有專門負責外交的部門，因爲根本沒有與中國對等的國家存在。

自一九七八年以降，中共採取改革、開放路線，爲了鼓勵外國人到大陸投資，乃制定涉外經濟法，保證維護外國企業的權益及給予三資企業自主經營權。不過，中共的保證，具有濃厚的宣傳色彩，一切權利、權益都是以獎勵外國投資的政治理由爲基礎，仍然不脫上對下的「恩典」性格。

國有企業的勞資關係，自九二年以後有逐漸惡化的傾向。在同年七月制定的「國有企業經營構造轉換條例」中，允許國有企業進行改革，如淘汰冗員及認可長期虧損的企業宣告破産。

在全部國營企業中有三分之一出現赤字，結果不僅增加中央、地方的財政負擔，更成爲整體經濟的重擔。

拿不到薪水的國有企業勞工，光在黑龍江省就有二四〇萬人，爲實質的失業人口。

一九九一年法院所受理的破產案件爲一〇七件、九二年爲四二八件、九三年則急遽增加至七一〇件。

勞動爭議從九二年開始增加，到了九四年，勞動爭議仲裁委員會所受理的案件，已到一二三〇〇件。

爲了社會安定，中共當局於九五年第二、四半期推行金融緩和政策，試圖挽救國有企業。這種爲了消除社會不安而進行的融資，稱爲「安定團結融資」。

金融緩和再加上成本提高、糧食價格上揚等因素，九四年呈現鈍化傾向的通貨膨脹率，又再度上升。以七月來說，與去年同月相比達到二四%、一~七月則爲二三·四%。其後通貨膨脹不斷地大幅上揚，年間的通貨膨脹率已經超過八八年十八·五%，預計可能會到達二〇%。

隨著通貨膨脹率節節上揚，三八%都市居民的實質所得反而減少。而在八八年的通貨膨脹中，三五%都市居民實質所得下降。對此現象的不滿，成爲天安門事件的背景。如今的通貨膨脹現象遠比八八年嚴重，令人不禁爲中共當局揑把冷汗。

爲抑制通貨膨脹而採取的金融緊縮政策，使得國有企業的經營更加困難，發不出薪水、宣告破產及勞資爭議不斷增加。在東北地區及河北省，即不時傳出發生大規模罷工活動的消息。

通貨膨脹率的上升，使得靠退休金度日或生活費有限的企業退休員工、失業者等都市居民的生活備受威脅。另一方面，國有企業的經營惡化，也奪去了從業員的生活基礎。

生活在都市裡的人們，不得不努力適應這個劇變中的社會。市場經濟一詞，對國人而言不難想像，但是對大陸民衆而言，卻是全新的事物。面對急速發展的經濟，處於政策變化過渡期間的大陸人民，當然會對未來感到不安。

就在這時，鄧小平卻下達指示，要求將第八次五年計劃的經濟成長目標，由年成長率六%向上修正爲八～九%。爲了達成目標，大陸從九一～九五年間，只好全力衝刺。

與經濟發展速度成正比的，是社會上各種矛盾現象也不斷擴大。現象之一，就是在社會主義時代幾乎不可能發生的因貧窮而自殺的事件，正不斷增加。此外，女演員在大陸算是高所得者，但是近來女演員自殺的案例卻時有所聞。這一切的一切，想必是行將就木的鄧小平始料未及的吧？

在上海，每到日暮時分，街道兩側就亮起了五顏六色的霓虹燈。而且，霓虹燈的數量不斷增加，今天比昨天多、明天又比今天多。單就大陸沿海地區來看，九四年的經濟成長率高達十二・八%。而包括上海在內，超過二〇%的都市很多。可以預見的是，在急速發展的都會陰暗處，今後將會出現更多悲劇。

與發展中的大陸沿海地區相比，農村和邊境地區相當貧窮，各省均出現很多失業人口。當然，各省地方政府均必須爲此負責。

那是因爲，地方政府只注重經濟開發，卻忽略了如何處置農民這個重要問題。

九〇年代大陸能否持續迅速發展，取決於二個條件。一是政治安定，二是農業問題。

如果中共當局完全蔑視十億農民的生活，勢必會引發社會動亂。

雖然目前糧食生產和農民所得均告增加，但是不斷攀升的高通貨膨脹率，卻使得農民叫苦連天。

眼見努力和收穫不成正比，農民自然失去了專注於農業的熱忱。

除了收益偏低外，農業機械化也是一個問題。在沒有機器協助的情況下，農民不管再怎麼努力，一個人頂多只能照顧五畝（一畝＝〇·〇六七公頃）田地。假設一畝的淨收入爲一〇〇元，那麼一年所得最高也不過五〇〇元。反觀在鄉鎮企業工作的人，平均收入約二〇〇〇元，從事商業的人年收入至少有三〇〇〇元，而從事養雞、養鴨、養豬業的人，收入也比種田的農民多了三、四倍。

此外，耕作成本上升的部分，遠超過糧食價格上漲所帶來的額外收益。中共當局一度也注意到農業問題，相關部門甚至限制生產原料的價格不使其上升，可惜並未發揮作用。農業社會資本明顯遭到破壞。老化及農業相關工業的衰退、不振，化學肥料生產設備經常發生故障等因素加起來，農民的怒氣爆發只是遲早的問題而已。

在無利可圖的情況下，農民將廣大的肥沃良田視爲「沈重的負擔」，寧願任其荒蕪也不想耕種。聰明的農民紛紛改行從商，白髮蒼蒼的老農則守著田地，此時勞動已經變成「老動」了。

如今在大陸各地的農村中，只剩下滿頭白髮的老人在從事農業。由團體經濟改爲個人經濟，固然有助於刺激勞動意願，但同時也出現了零細化、非能率化等副作用。

在九〇年代，不單農民的耕作意願降低，原本爲了抑制因價格自由化所引起通貨膨脹而實施的「整備、整頓」經濟緊縮政策，反而使得成長率下降，據說在這波風潮中倒閉的鄉鎮企業，達三百萬家以上。伴隨而來的，是失業、剩餘勞動力的流動更趨大規模化。

和以工業爲主經濟發展迅速的沿海地區不同，以農業爲主的內陸地區發展較遲，因而兩者之間的經濟差距逐漸擴大。

由於從八九年起一連三年豐收，部分地區，特別是內陸地區如湖北、湖南、四川等，出現了庫存糧食過剩的現象。到了九二年後半期，上述地區更面臨了嚴重的糧食銷售困難問題。

大陸國有企業的現狀

大陸爲社會主義體制，自然一切企業均爲「國有」，且至今仍然維持「國有」的狀態。諷刺的是，當前大陸經濟的最大包袱，就是國有企業。十五年前在工業生產總額中占約八〇%的國有企業，到了九〇年已降爲五五%，如今更低至五〇%以下。使國有企業重新振作起來的改革，已在各地展開。

在經濟上，大陸是講究男女平等的，然而在以企業合理化爲當務之急，不容許有冗員存在的此刻，遭到解僱或被要求在家待命的員工，卻以女性爲主要對象。

根據對某都市一千多家企業進行調查的結果發現，遭到解僱或被迫在家待命的勞工，七〇%爲三十五歲以下的女性。再加上中國人好面子，認爲失業或在家待命有失光彩，不值得對外宣揚，因此實際情形可能更加嚴重。

改革國有企業是大陸「經濟改革的核心」，只可惜步伐太過緩慢。年輕一輩的中共經濟官員曾經公開表示：「要由內部來進行自我改革太難了。應該藉由香港股市交易、加入『關貿總協（GATT）』等外壓，來促使國內改革。」

有意上市的國有企業，爲了達到國際會計基準，紛紛淘汰剩餘勞動力及學校、醫院等非營業部門，全力朝營利目標前進。

在遼寧省大連的某國有企業，自今春以來開始僱用私人保鑣，除了陪同高級主管往返工廠外，並負責在工廠內四處巡邏。據了解，這是因爲該企業的上層階級正與香港企業洽談合併計劃，而且削減四分之一員工已是既定的事實，爲免遭到不滿員工的襲擊，乃聘請私人保鑣加以保護。

爲了撙節開支，工廠附設的幼稚園也關門大吉。早已習慣於國家安排工作的大陸勞工，從來没想到會有被解僱的一天。當這一天突然到來，生計受到威脅時，他們當然會產生強烈的憤怒。因此，襲擊事件在各地時有所聞。

根據警方統計，遼寧省在九二年下期（七～十二月），共有二七六位企業管理階級遭部下襲擊，結果造成三人死亡、三十一人重傷。

鄧小平曾經明白指出：「要想發展商品經濟、實現豐富社會，就必須先破壞現有體制。只有實現豐富，才是社會主義。」由此可知，鄧小平腦海裡想的是NIES式的經濟發展、開發獨裁。

「如果經濟改革與對外開放未能展現成果，便無法解決『六四天安門事件』，最後將爆發如『文化大革命』般的內戰。」

由鄧小平的這番話可知道，對國民生活富裕的保證，將是攸關中國共產黨政權存亡的關鍵。反過來說，中共當局也體認到，經濟政策的失敗，將會使共產黨失去統治權。

現在的中國大陸，完全將重心置於經濟發展。如果經濟能順利發展，那麼中國共產黨和中華人民共和國都能維持安泰，同時也能控制西藏、維吾爾自治區及其周邊的少數民族，並抑制地方的獨立呼聲、分離力量。反之，一旦無法做到「豐富的實現」，則正如鄧小平自己所說的，一切都甭提了。

中共當局一直很想改變國有企業的經營思想，可惜並未具備「獨立合算制」的意識。其缺點是，就算出現盈餘，也不會幫員工加薪或分紅、不會將其當成企業預備金運用，更不會進行再投資以擴大生產。

在計劃經濟體制下，經濟官員從來不會考慮到資本成本。以工廠為例，資本是由上級撥下來的，而且日後也不需要償還投資資本。因此，就算能達到「商業資本」的經營，也無法進行「產業資本」的經營。在「社會主義市場經濟」的號召下，經濟官員們只知配合上級指示成立「經濟開發區」，在形式上追求量的增加。截至九二年九月爲止，大陸各地共有一九五一個「經濟開發區」，使用土地面積達一五〇萬公頃，不過其中真正開始開發的，只有二%，其結果是形成農地的廢耕與無效轉用。

農村的疲弊製造了許多盲流，使得犯罪率大爲提升。據統計，犯罪者當中原爲農民出身的比率，近年來有急劇上升的傾向。

以深圳爲例，八七年外來者的犯罪行爲，占全市的六七%；在其鄰近的寶安縣，八五年外來者的犯罪占全體的七一%、八七年則增至八二%。

受到盲流的影響，「一胎化政策」在某些地區早已名存實亡。例如，廣東、海南等地，目前已經允許生下第二個孩子。

安徽省有五百萬外出工作人口，其中大部分前往廣州、深圳、珠海等地。

預計到本世紀末時，大陸的農村剩餘勞動力將達二億四千萬～二億六千萬人。農村的工業化（建設鄉鎮企業）預計可吸納一億勞動人口，公共事業的擴展又可吸收數千萬人，至於剩下來的近億人，則必須自己到外面去找工作。

大陸的人口，正以每年一六〇〇萬人的速度急遽增加，但是農地卻相對減少，糧食不足的可能性提高，這種情形將會破壞中國的經濟基礎。此外，環境破壞所引發的自然災害問題，也非常嚴重。

鄧小平的發展策略，原本是要導入先進國家的資金與技術，在中國發展國際經濟。但是，基於大陸經濟體質的落後性及巨幅差距，一旦再出現政治混亂及全國性的飢荒等現象，不僅會產生大批難民，而且大半國營企業都會倒閉。

第5章
日本企業是中共的餌食

違約糾紛陸續出現

在廣東南部的順德市，中國企業大約有一百億日幣的借款未償還，受害者多爲日本大型企業。

大陸某瓦斯器具廠商，基於經營多角化的方針，計劃生產空調用壓縮機，並將旋盤、研磨機等以工作機械爲主的製造設備，發包給日本企業。日方有鑑於這家公司的業績一直很好，乃答應簽約承包。

不料，就在設備完成送到大陸之前，對方突然通知日方「無法支付貨款」。經過查詢，才知該公司受到中國政府金融緊縮政策的影響，向銀行貸的款子一直下不來。既然對方無力付款，日本方面只好將已經完成的設備擱置在那兒。

有北京銀座之稱的王府井，有香港的長江實業進駐此處，而市政府也期待能進行大規模的再開發。然而，由於中央政府領導階級的意向不明，致使開發計劃停頓下來。

在香港財經界位居龍頭地位的李嘉誠，對於大陸投資一事，一向扮演搖旗吶喊的角色。但是經過這次「事件」以後，他的態度有了很大的轉變，不久前甚至公開表示：「中國政府的政策搖擺不定，當然會招致海外投資家的不信任。」至於他本人，則是大大地降低了投資意願。

另一方面，金融機構的債務問題，也陸續表面化。以歐洲及日本爲主的複數合併公司，遭中國企業拖欠的不良債權不斷膨脹，總額已超過六億美元。

「既然國有企業無力償還，當地政府就應該負起責任才對。」

這是許多外國企業共同的心聲。

里蒙・布拉札茲集團，就因中國國際石油化工聯合（UNIPEC），中國金屬礦產輸出入總公司等國有企業，遲遲不肯償還總額達一億美元的債務，憤而向紐約聯邦法院提起訴訟。預計外國企業與中共政府的對立，還會更加激烈化。

政策試行錯誤，在「人治」的中國乃是司空見慣之事。當外資企業逐漸察覺到這一點時，支持大陸經濟成長的對中投資熱，也就慢慢降溫了。

根據中國對外貿易經濟協助部的統計，九四年的對中直接投資總額（以契約爲準），已從前年的一一〇八億美元降爲六六一億美元。對此，大陸方面的說法是：「越南、印度等亞洲對手的出現，使得成長速度減慢。」

與此同時，大陸還面臨嚴重的通貨膨脹問題。三年前的六月，一塊錢人民幣可以兌換五十日圓。前年六月，一塊錢人民幣只能兌換二十五日圓；去年六月，一塊錢人民幣只能兌換十三日圓。到了今年三月，一塊錢只能兌換七圓了。

換言之，人民幣值三年來減少爲七分之一，到了今年中則爲十分之一。如果以單純的比例計算來看，今年的人民幣價值，已經降至七分之一。這種情形一旦持續下去，相信不久之後就會出現一塊錢人民幣兌換一日圓的嚴重後果。

中國人以農立國，經濟思想相當貧弱，即使到了現在依然如此。但因爲具有農業經濟思想，所以當土地公有問題時，就會出現各種理論，結果反而使商業核心——貨幣經濟變得更爲脆弱。以農業而言，大多數農民的收入，來自於一年一～二次的作物收穫。和銀錢流動頻繁的工商業者不同，農民不僅無法對通貨變動立即加以應對，對通貨膨脹的抵抗力更是脆弱。

追溯過往歷史，中國歷代政權始終提不出健全的貨幣經濟政策，因此，一旦推行新政策以增加通貨量，很容易就會引起通貨膨脹，最後導致政治崩潰。一九四五年八月，中華民國政府在日本戰敗後確立了政權地位，不料卻因亂發通貨而引起嚴重的通貨膨脹。在當時，一個饅頭居然要賣到十萬元。國民政府就這樣因爲通貨膨脹使得人心叛離，最後遭共黨軍隊打敗而退到臺灣。

而現在的中共政權，亂發通貨的作法，和一九四五年的國民政府如出一轍。可以預見的是，如果通貨膨脹不儘早加以抑制，又提不出可行的經濟政策，中共政權也將走向相同的道路。

解決當前危機最簡單的方法，就是向日本借錢。上次大陸政權向日本借了八千億日圓，這次則要求一兆五千億日圓。至於下次，恐怕得增至好幾兆了。當然，日本政府不可能輕易答應借款。

爲了讓日本答應借錢，中共方面開始找各種藉口，從日本侵略中國、南京大屠殺、日本邀請臺灣行政院副院長出席廣島亞運會，到支持日本成爲聯合國安理會常任理事國等，可謂花招百出。結果，日本政府終於屈服，允諾下次至少會給予二兆日圓的借款。中共就這樣藉著搜括日本民衆的血汗錢，來掩飾自己在經濟政策上的無能。

由此可知，大陸經濟是植基於外國（主要爲日本）的貸款，其本身並不具有實力。當然，中共壓根兒就没想過要還錢的事。對此，日本政府和企業者心知肚明。說得明白一點，這些借款就如同石沈大海一般，再也拿不回來了。

吸引外商到大陸投資設廠的一大理由，就是勞力低廉。

但是，大陸的勞力真的便宜嗎？我感到十分懷疑。

的確，單就平均日薪來看，大陸的工資確實很便宜。在日本，一個工人的日薪平爲一萬日幣，而大陸工人則只要百分之一，也就是一百日幣。問題是，大陸工人的勞動意願低落，而且不時發動示威抗議要求加薪，無形中增加了許多生產成本。

進軍大陸的日系企業成功的案例極少

九五年是中國經濟「改革、開放政策加速」與「社會主義市場經濟」的推進年；對二十一世紀的中國發展而言，這是具有重要意義的一年。因爲，經濟活動能引出高步調的成長，確保經濟成長維持在十一～十二％之間。

不過，在持續出現二位數成長的第三年，宏觀經濟上的不穩定逐漸顯在化。以經濟發展爲優先考慮的中國大陸，存在著許多矛盾之處，而「財政赤字不斷累積」及「貨幣供給量持續增加」等問題，也早趨嚴重。大陸的實質財政赤字，年間已達一千億，這是進入經濟調整期的前年的三・二倍。此外，可能誘發通貨膨脹的貨幣供給量，與同期相比增加了三倍，這與改革開放以後三次通貨膨脹所引發的問題出現前的情形類似。例如，八九年的六・四天安門事件，就是因爲通貨膨脹而引發的。考慮到因果關係，從根本上改善「國營企業」的經營體質，確爲當務之急。

在經濟差距不斷擴大的現在，大陸民衆逐漸體認到，想要維持「比昨天更好的生活水準」，已經是不可能的了。此一認知所造成的震撼力，足以動搖中共政權的存立基礎。的確，一個前門有二位數的成長、後門則備受通貨膨脹威脅的國家，如何能避免引發混亂而繼續握有政權呢？

爲此之故，中共政權乃致力於宣傳其所擁有的廣大市場，希望藉此吸引資本主義國家前來作大筆投資。但是，日本人似乎忘了一點。

中國大陸的市場經濟，並非一般的貿易經濟。中共方面打的如意算盤是，披上資本主義的外衣以吸引資本主義國家前來投資，但實際上仍然繼續具社會主義國家的政權。

過去十六年來，日本企業對大陸的直接投資，可分爲幾個階段，業種和範圍均有所改變。在一九八〇年代前半的開放初期，投資範圍以物品出租、飯店建設、醫療、軟體開發、食品等爲主。

在開放的第二階段（八五～八八年），隨著日圓升值，纖維、電子、輕工業品等勞動密集的產業，成爲對大陸投資的熱門項目。其後由於經濟成長及投資環境的改善，彩色電視、映像管、精密機器、機械、汽車零件等大型的技術密集產業，也開始進駐大陸。

到了第三階段（八九～九二年），則增加了流通、零售、化妝品、水泥等項目。至於現在，投資範圍又擴展到汽車，尤其是轎車工業。另外，石油化學相關工業及鋼鐵等重工業的投資，也在起步當中。

站在中共的立場，當然希望日本能投注更多資金於大陸。

有關中日戰爭的賠償問題，早在締結中日和平友好條約時，中國方面就已經表明放棄求償。但是，最近由民間發起的求償聲浪卻不斷升高。在去年三月的全國人民代表大會上，有與會代表提出向日本要求賠償的法案。

賠償金額高達二十四兆日圓。

但由於正值日皇即將訪問中國大陸，因此法案暫時遭到擱置。

根據香港『明報』的報導，中共政府爲防在日皇訪問期間，各地的民間求償行動過於激烈，於是下令公安當局嚴格取締。很顯然地，這是典型的「先挑起爭端又充當和事佬」的作法。

雖然中共利用南京大屠殺及教科書問題大作文章，迫使日本政府答應貸款，但是真正獲利的只是部分共黨權力階級，一般民衆根本無緣受惠。同理，即使是由民間進行求償，恐怕人民也無法直接拿到賠償金。

況且，不管日本提供再多金援，也不會贏得中國人的尊敬。關於這點，只要看他們所使用的教科書就可一目瞭然了。

例如，在大陸的教科書中寫著，琉球是中國的領土，打倒日本軍國主義的是共產黨等，而這些事情日本人幾乎一無所知。

根據民意調查顯示，大陸民衆對日本抱持好感的人只有八・六％、認爲日本外交「富於侵略性」者達四八・三％、認爲「軍國主義一定會復活」者達五〇％。

某些中共向日本提出的要求，已經到了近乎干涉内政的地步。例如，前官房長官宮澤曾經道歉，卻因朝日新聞的錯誤報導而引發了教科書問題，抗議日本首相赴靖國神社參拜及京都的光華寮問題（註：建築物的歸屬問題。中共不服日方將所有權判歸臺灣政府，於是向日本政府提出抗議）。

中共要求總理大臣運用其影響力改變判決結果，這不是干涉日本内政是什麼？不論是教科書問題或靖國參拜，在雙方建交之前，隨便中共怎麼說都可以，但在建交以後，對這種與日本根幹有關的問題，中共實在不該妄加批評、抗議。

建交二十二年來；中（共）日的友好、親善關係真的加深了嗎？

觀察中（共）日民衆的互動情形，可知兩國關係的緊密度確實增加了。二十年前的一九七二年，訪問大陸的日本人有八千人、赴日的大陸民衆只有一千人。十年後，也就是一九八二年時，雙方分別增加爲十萬六千人與二萬人。到了去年，則增爲四十三萬人與十三萬人，而且還在不斷增加當中。

貿易方面，二十年前雙方的進出口總額爲十一億美元，去年則成長爲二二八億美元。貿易收支方面，近四年來大陸方面持續出現順差。去年和前年的順差將近六〇億美元，大幅減少了對日赤字的累計金額。一度高達一五〇億美元的累計赤字，到了去年已經減少爲三億二六〇〇萬美元。

目前在日本，很多學校喜歡到大陸畢業旅行，像桂林、萬里長城、北京、上海等，都是很受歡迎的觀光地點。

日本對大陸的經濟協助始於一九七九年，首次借款總額爲三三〇〇億日圓、八四年的第二次借款總額爲四七〇〇億日圓，而目前正在進行中的第三次借款暫定八一〇〇億日圓，但實際總額可能高達一兆六一〇〇億日圓。

另外還有民間的資金協助、接納研究生、派遣專家給予技術協助等，總計過去十年來，每年均以一千～二千人的規模在實施著。

日本是阻撓中共成為霸權國家的絆脚石

天皇訪問大陸，並非中共爲了對日本給予經濟與技術協助表示感謝，而做出的友善回應。

九二年八月十四日，日本產經新聞刊出一則外電報導，指出中共方面已於七月在西安爲天皇的到訪展開準備工作。對此，大陸導遊的說法是：「這些迎賓的準備工作，全是爲了首次前來朝貢的日本國王。」這不是等於把日本人當傻瓜嗎？

他們口中的「國王」，就是指地方長官，而「皇帝」只有在中國才存在。中國人認爲日本君主的到訪是來朝貢，證明了他們以中國爲世界中心的中華思想仍然存在。這與歐洲各國認爲日本皇室到訪所代表的意義，可說大相逕庭。

在中美冷戰期間，日本天皇訪問中國大陸，就已經違反了國際社會的原則。中共總理李鵬到歐洲訪問時，各國均將他視爲壓抑人權國家的代表，因此並沒有元首到場迎接。而法國總統密特朗，甚至拒絕和他握手。

當昭和天皇大葬時，中共只派了外交部長出席，而在明仁天皇的即位大典中，則只派了副總理出席，相較於各國均由元首親自出席，中共的作法實在非常失禮。有關天皇訪問大陸一事，中共黨總書記江澤民，則認爲根本不必親自赴日向天皇提出邀請。

中共一向的目標，是君臨東亞，要周邊諸國均臣服於它，並與美國對抗。到了今年，中共對其意圖已經不再多加掩飾了。

首先是，鄧小平巡視深圳經濟特區時，曾指示要更進一步推動經濟改革，「强兵必須先富國」的涵意不言可諭。由此可知，中共的最終目的就是强兵，特別是藉由海空軍取得海洋霸權。

其證據就是今年二月所制定的領海法。在領海法中，中共宣稱擁有南沙、東沙、西沙群島及尖閣列島的主權。

這是中共基於周邊諸國的石油利權、漁業利權及海上航路防衛而採取的行動。中共之所以主張與周邊國家的領有權紛爭地全部歸其所有，主要是爲了牽制日本和越南，確立在東亞的霸權。其結果是，在天安門事件以後，開始與美國對抗。日本天皇訪問中國大陸，可說是中共在東亞確立霸權地位的一步棋。

以天皇訪問大陸爲由，中共開始離間美日關係。雖然這只是中共的短期政策，但是各位不要忘了，中共的最終目標並非對抗美國，而是與美國攜手合作。

中共的基本政策，是聯合美國擊敗日本。日本對大陸建設有很大的助益，因此在可能的情況下，中共會讓日本儘量貢獻。但是，在東亞不需要有兩個大國存在，而日本雄厚的經濟力對中美雙方均構成威脅，是以十年後中美可能會攜手合作擊敗日本。總之，所謂中日友好關係，在中國而言只不過是短期政策罷了。

日本提供二兆六一〇〇億日圓的借款與技術協助，結果卻幫助中共實現其霸權主義，這實在是非常愚蠢的作法。有關一九九六年度以後的第四次借款，儘管金額未定，但是日本方面卻已經開始進行計劃發掘等開發調查，並打算比照以往的方式提供貸款。這是宮澤首相訪問大陸時，送給中共的一項大禮。

在大陸，經常會聽到有關「日本軍國主義復活」、「軍國大國化」等耳語。但事實上，中共是世界上少數幾個武器輸出國之一，其輸出武器的所得，一九八七年甚至超越法國，躍居世界第三。在兩伊作戰期間，中共就靠著賣武器給雙方賺了不少錢。

鄧小平曾經公開表示，販賣武器以換取金錢並無不當。單從這點來看，鄧小平的卑鄙比起毛澤東來，簡直有過之而無不及。

有些日本人士將鄧小平視爲改革派，對其作爲給予正面評價，但事實上完全不是這麼一回事。對於一個只想利用他人的人，真不懂日本政府爲何要一再伸出援手？

那麼，在民間貿易方面情形又如何呢？根據第六屆中日經濟合作擴大會議（九三年十月）所公佈的資料，九三年日本已經超越香港，成爲中共最大的貿易伙伴。

八〇年代中日貿易額爲八十九億美元，九二年增至二八九億美元。在這期間平均成長率達一〇・三%，九三年則達到三五〇億美元。此外，九二年末，日本直接在大陸投資的企業，有八七〇〇家。中共因爲需要從海外導入大量資金及技術，是以日本的存在非常重要。

問題是，完全不具企業道德的大陸幹部，就算擁有日本最新的機械，也是白白糟蹋了好東西。

如果日本人能握有主導權，因爲大陸工資低廉，確實能獲得很大的利益。然而，實際狀況卻非如此。再拿對日輸出來說吧！到底那些製品適合日本市場，幹部們根本一無所知。在他們的觀念裡，公司賺不賺錢並不重要，只要自己有錢拿就可以了。

總之，大陸是一個貪污橫行的社會。幹部所抱持的宗旨是，能從客户那兒拿多少就拿多少。在幹部不認爲自己也是公司一分子的情況下，當然會距離市場經濟的道路愈來愈遠。

在大陸經營失敗的日系企業的業種

●衣料品公司

大陸工人的工作效率低，生產力無法提升，再加上品管工作把關不嚴，因此合併企業很難有效地進行管理。

●學校經營

在大陸開辦日語學校的日本企業很多，但後來卻紛紛撤退或考慮撤退。此外，原本是採合作方式，但在拿出資金後卻遲遲無法開辦學校的日本企業也不少。

●食品公司

與大陸方面合作從事食品加工，專門生產國產品的日系企業，最後會發現不僅沒有獲得預期中的利潤，反而蒙受巨額虧損。

食料品和零件廠商成功的案例較多，是因爲食料品是以蔬菜和食材爲主力，完成品較少，而且海外也可通用；至於各種零件，則可以回銷日本，故損失較小。認爲大陸成本低廉而向衣料品、雜貨業進軍的日本企業很多，不過大半在二～三年内就因虧損而宣告撤退。據估計，此一現象今後還會持續下去。

相對於尋求高品質商品的海外買主，大陸勞工因爲工資低、工作意願不高，因此做出來的東西往往給人粗製濫造的感覺。

●飯店

對具有幹部氣習的大陸人而言，要轉而從事服務業是很困難的。以上海、北京等地的飯店爲例，九二年的住客率只有四〇%，九三年則好不容易才超過五〇%，但因客人以商業客爲主，幾乎没有利潤可言。一般而言，上海的住客率已漸有增加，北京則因爲飯店林立，因此將平均數字拉了下來。在世界第一繁榮都市東京，目前共有二萬五千個飯店房間，北京則有六萬個房間。上海因爲只有二萬個房間，供需尚能平衡，所以還算合算。總之，飯店業可說是日本企業在大陸投資失敗的典型之一。

●電腦

以北京爲中心的電腦企業相當多。ＩＢＭ、ＨＰ等早在十年前就已進軍大陸，日本的ＮＥＣ、東芝、日立則陷入苦戰。

富士通是早在毛澤東時代就已經奠定雄厚的基礎，但由於臺灣廠商全力搶灘，以致進軍大陸的日本電腦出現巨額虧損。另外，爲ＮＥＣ、東芝作ＯＥＭ製品的宏碁電腦，也於今年宣布要進軍大陸，預計屆時將會有更便宜的個人電腦輸入日本。

●軟體

幾乎都是美規製品，故日系軟體勝算較小。專做軟體的伊藤忠、ＴＳＤ曾經大張旗鼓地進軍大陸，最後卻因出現赤字，使得ＴＳＤ面臨倒閉的危機。

●建築業

許多大型建築公司相繼進軍大陸，但是並未獲得利益，其中狹間和飛鳥建設更出現赤字。此外，從事網球中心與休閒娛樂中心開發的許多建設公司，也因大陸方面一再追加預算而叫苦連天。

●各種製造業

包括衣料品、食料品、醫藥品、雜貨、各種零件在內，日系企業在大陸的投資幾乎遍及各行各業，其特徵是失敗的例子比成功的例子更多。日本企業獲得成功的業種包括食料品及各種零件製造，因爲其輸出的主要對象爲日本本土。

衣料品方面，以生產適合當地的產品而獲得成功的企業固然也有，但以海外輸出爲主的企業則多半失敗，原因是產品的品質不良。筆者於今年二月間赴上海時，因爲天氣寒冷而臨時買了一件毛衣和大衣禦寒。不料毛衣只穿了二、三次就縮水變形，而且還是膺品，根本無法應付日本的嚴寒氣候。只是，除了這些，大陸根本買不到更高級的衣料。

共產主義思想已經根深蒂固的大陸勞工，當然製造出高品質的東西——日本企業付出昂貴學費，才學到這個寶貴的經驗。

現在的日本人，難道已經忘了專制政治的可怕了嗎?眼裡只看到生意，卻忽略了中共的政治實體及其本質，這種作法未免太過單純了。

在大陸，如果你在十一點過後打電話到公司行號去，對方一定會告訴你：「已經中午了，下午再打來！」根本不管你是否有急事。過了下午四點四十五分，則乾脆不接電話，因爲他們正忙著趕五點發車的巴士回家，根本無心工作。

好不容易在電話中和對方約好見面時間，卻往往因爲交通因素而遲到一、二個小時。在大陸，遲到一、二小時乃是家常便飯。

撇開市區交通不談，飛機、火車等交通工具不僅經常誤點，而且總是人滿爲患，使得行動受到極大的限制。許多日本企業設在大陸各地的辦事處，雇用小弟並非爲了傳送文件，而是爲了確保車票。這些小弟的主要工作，就是到車站去排上一、二天的隊以便買張車票。

別人的錢就是自己的

從一九九四年一月一日起，中共實施貨幣統一政策，使得大半日本商社蒙受數億日幣的巨額損失。當然，日本民衆的個人損失也不小。在完全沒有預告的情況下，中共突然宣布統一外匯匯率。

過去，大陸只有國民使用的人民幣，及外國人使用的外匯券二種貨幣。

筆者曾在大陸搭乘計程車，下車時原擬以人民幣付車錢，不料司機卻表示只收外匯券。

此外，當我用外匯券買東西時，店員找回來的多半是人民幣。在商店對外國顧客只收外匯券的情況下，這些人民幣根本無處可用。有一次，在大陸的某個機場，我曾試著想要用剩下的人民幣買些禮物，不料卻遭到拒絕，不得已只好帶著這些人民幣返回日本。我相信，一定很多人都有過類似的經驗。

從一月一日起，持外匯券到銀行兌換人民幣必須加收五成費用，而外匯券兌換人民幣的匯率則由原來的二：一改爲一．五：一，以致許多持有外匯券的日本商社蒙受巨大損失。不過，一．五：一的匯率，不久後就中止了。

在統一貨幣的政策下，外國人到大陸住宿飯店或航空貨運或許可以受惠，然而在餐廳用餐、住宿飯店及從業員的薪水等方面，都必須多付五〇％的費用，兩相抵消之下反而吃虧。而這一切，都是中共一意孤行的結果。

藉此各位不難發現，日本企業想要在中國大陸牟取利益，簡直比登天還難。在此我要再次提醒各位，中共並非以民主國家的身分與外國人接觸，而是一個只考慮自身利益的專制國家，是以法律隨時可能改變，外國人的權益隨時可能被剝奪。

「我的錢就是我的錢、別人的錢也是我的錢」——這就是共產主義的基本原理。表面上，中共是以經濟合作的名義吸收外國資金，但是在本質上，他們早已將這些外資視爲自己的錢。

長時間生活在共產主義社會裡的大陸勞工，當然也具備「別人的錢也是我的錢」的思想。學校並沒有教他們何謂資本主義，因此他們普遍具有「讓別人出資本」的觀念。

就算你告訴他什麼是資金主義、什麼是個人企業，恐怕他也不會瞭解。在大陸民衆的心目中，資本主義就是榨取民脂民膏的惡魔，外國企業則是只會榨取中國人血汗錢的壞蛋。而中國人被這些壞蛋予取予求的時代已經過去——這正是外資企業在大陸難以施展的理由。

打著利益分享的旗幟，中共突然對外國企業猛拋媚眼，以你出技術我出地的方式合力經營事業。

但是，「藉由合併增進雙方的利益及發展」，只不過是場面話而已，真正心裡面想的卻是另一套。就好像俗話所說的：「換湯不換藥」一樣，一個人經過長時間養成的習性，是不可能改變的。

爲了鼓勵外商投資，中共曾允諾在稅賦上給與優待，並在九四年秋天公開表示：

「對外資機構徵收增值稅」

「中國將信守『今年內設立者將按約定歸還』的承諾」

「去年年底以前的不予歸還」

各位對此想必還記憶猶新吧？

關於對外資企業徵收增值稅（附加價值稅、稅率十七％）一事，中共當局曾表示在進入九四年後設立的企業，都會按照約定歸還。至於在去年年底前設立的企業，則不予歸還，內容相當曖昧。中共當局在年初導入增值稅時，曾保證只要材料是購自大陸、成品以外銷爲主，則會將所收的稅退還給該外資企業，但是現在卻突然反悔，難怪會引起各國强烈的不滿。

中共的這個新政策，原是爲了消弭新近進入大陸的企業的不安，不料卻引起許多既存企業的不滿，以致來自海外的不滿聲浪逐漸升高。

根據中共新華社的報導，國家稅務總局的高層官員曾就增值稅問題表示：「（導入新稅）今年，新近在中國成立的外資企業，與中國企業（在新的稅制下）適用同一稅制」，此外還說：「如果輸出貨物的材料是購自國內，則和中國企業同樣享有退稅的優惠。」

問題是，已經進軍大陸的外資企業，多半是在實施稅制改革的前年年底前設立的。對於這些企業，中共只答應「歸還因稅制改革而增加的負擔部分」。根據日本企業的說法，因爲制度變更而增加的負擔很難估算，「如果中共不歸還增值稅的部分，則許多企業的實際負擔更大」。

中共制定的增值稅，就是在流通階段對交易的製品或原材料，一律徵收十七％的外稅，亦即所謂的附加價值稅。

如果無法找出與中共官僚體系巧妙應對的方法，不具有控制大陸人利己主義的技術，日本人絶對無法在大陸經營事業。大陸幹部的官僚作風，是一般人所無法想像的。利用法律和規定來刁難生意人，藉此牟取利益，是他們的拿手絶活。

不論如何，大陸經濟還是如同騰雲駕霧一般，呈現驚人的發展。當然，鄧小平私下一定也在等待這一天的到來。鄧小平深知單憑一己之力，無法使中國這條巨龍揮動身體，爲了爭取十二億人民的支持，於是在廣州、深圳等地設置樣板例子，以經濟特區爲名進行實驗，然後將成果展現在國人面前。

大陸人民清楚地看見，十二年前只有七萬人口的深圳，如今已經發展爲擁有一六〇萬人的近代都市，工廠、高樓大廈林立。

如此一來，即使是陳雲等作風保守的體制派大老，也不得不贊成開放政策。現在正是開放政策的開花時節，但是在鄧小平死後，保守派勢力是否會再度抬頭呢？這點頗令人擔心。

現在，不僅日本人認爲這是到大陸投資的最佳時機，甚至連反共色彩鮮明的香港人和臺灣人，以及東南亞、美國等地的華僑，也紛紛帶著大筆資金進軍大陸。

如果你以爲對大陸的投資會從此一帆風順，那就未免太過天真了。在不瞭解大陸民衆與本國民衆的國民性差距的情況下貿然投資，絕對不是高危險、高收益，而是高危險、零收益。

合併企業的告別動作

洞燭機先的香港、臺灣企業，很早就開始從大陸撤退了。從去年一月到九月，投資契約件數與前年同期相比，大幅降低了五一％。

相反的，從去年一月到九月爲止，日本對大陸的投資契約件數雖然減少，但是契約總額卻比前年同期增加五億美元。

當然，最近也有日本企業從大陸撤退。日本許多中小企業在決定投資之前，並未對大陸的鄉鎮企業詳加調查，以致引起不少糾紛。儘管如此，日本對大陸的投資仍然不斷增加。

八百伴集團真正進軍大陸是在九一年。曾先後在深圳經濟特區開設超級市場、在北京開設百貨公司，但已於去年十二月宣布撤退。

日本大企業的駐在員在當地發生了問題，卻爲了面子而不向總公司報告，在任期中竭力隱瞞。等到毫不知情的接替人選上任後，面對實際狀況往往一陣愕然——類似的事件不時重複上演。

來自日本的H公司，數年前與中共某國營企業以五〇：五〇的比例合併，在深圳開設工廠。當時，該國營企業派來數十名技術人員，一開始時還好，但是幾個月後，這些人都到了五十歲的退休年齡。由於不想照顧這些退休員工，該國營企業乃將退休金及退休後的居住問題全部推給H公司負責。H公司曾以當初所簽契約並不包含這一項目爲由據理力爭，卻被對方以「這是一般常識」給擋了回來，令H公司欲哭無淚。另外，設在福州的一家映像管工廠，也遇到同樣的問題。

從北京百貨業撤退的八百伴，實際上是因爲售貨員的服務態度不好、任意抬高商品售價、無視於八百伴銷售高級商品的營業方針及不遵守日方的規定等因素，才決定結束營業的。

能夠及時撤退的倒也還好，有些與中方合併的有限公司，卻因爲必須徵得全體幹部的認可才能撤退，以致宛如陷入泥沼一般，眼看赤字不斷增加，卻無法撤退。

在海南島，一家與當地有力企業合併的日本公司，就決定與對方「分手」。由東方水產出資七〇%、海口罐出資三〇%合開的速食麵工廠，已於去年年底進行清算，合作時間只有短短的一年半。

如果當初只是合併倒也還好，問題是日本方面的負責人曾不止五次親自到海口罐觀察，卻發現速食麵工廠的建設工程始終停滯不前。

對於日方的查詢，海口罐公司一直以工廠用地尚未決定爲由，表示「還要再等一陣子」。原來，受到中共當局金融緊縮政策的影響，海口罐根本拿不出三〇%的資金。一直到雙方結束合作，工廠始終不曾開工。

大陸當局改變企業政策及方針，迫使合併企業撤退或重新評估可行性的事例，正不斷增加。

即使是相當熱中於大陸投資的美國，也開始考慮分手問題。去年年底，美國某電池公司宣佈取消與北京電池頭廠的合作計劃，中止電池生產。對於取消此一初期投資高達一二〇〇萬美元的大型投資計劃，美方除了表示這是「經過深思熟慮後所做的決定」外，並未多作說明。

去年，由於與中共政府在租賃契約上未能達成共識，以致有「五家美國企業被迫遷移辦公室或工廠」。

海外企業對大陸的投資激增是在九三年。這年新設立的外資系企業以合併（五四〇〇〇家）爲主，共有八五〇〇〇家，可與「改革、開放」政策實施以來十四年內設立的企業總數相匹敵。而到了去年末，甚至又增加了二十多萬家。但是，隨著合併數字的增加，與大陸伙伴不諧調的情形也日益明顯。

與大陸簽定的合併契約，輕工業一般定十～十五年、重工業爲二十～三十年。因此，在未來的幾年內，於八〇年代中葉與大陸簽約合併的企業，將面臨合併契約到期的處境。自認已經不再需要向外國學習的大陸企業，可能會在自負心理的驅使下，可能會要求取消合併。

今年開春時節，位於北京中心街上賽特購物廣場的「八百伴」看板消失了。事實上，賽特早在一年多前，就將有意「獨立」的念頭通知了八百伴。到了去年底，賽特解除與八百伴的技術合作計劃，正式宣告獨立。

九〇年四月於北京高級地段開業的長富宮飯店，是由日本經團連會長稻山嘉寬等人帶頭創設的，具有象徵中日友好關係的意義。但是，中日旅館業的業務交流計劃，卻將在九七年告一段落。

被大陸泡沫經濟所迷惑的日本

近年來由於日幣升值所引起的經濟不景氣，迫使日本企業的紛紛將工廠轉移到海外以降低成本。而呈現日本企業面前的中國大陸，除了有廣大的市場外，還有大批廉價勞工，因此日本企業當然會爭相進軍大陸。再加上媒體報導大陸在二十一世紀初期的二〇一〇年，GNP將位居世界第一位，使得日本企業經營者對於進軍大陸更感興趣。

最近三年來，深圳、上海的發展非常顯著。此外，華南地區的發展也很驚人。香港、深圳已經成爲一個自由區。目前，香港→深圳→廣州→珠海→澳門間的聯結高速公路，已在興建當中，預計在一九九五年通車。屆時，以這條高速公路爲中心的「珠江三角洲地區」，將會形成巨大城市。

在貨幣流通方面，港幣發行數的四分之一，在廣東省流通。深圳地區的商店，甚至只收港幣。此外，印有蔣介石肖像的新台幣，在福建省也可通用。根據筆者的觀察，上述地區在貨幣流通方面也已經自由區化。所以，一九九五年亞洲的人、物、錢的動向，基本上不脫離大中華經濟圈。

九三年度日本企業在亞洲的投資總額爲六十六億美元，其中在香港、大陸的投資達三十二億美元。換言之，日本在亞洲的投資，有四十八·五％集中於香港、大陸兩個地區。

這當中比較引人注目的，是日本企業與香港企業攜手合作，朝大陸南部進軍。從八七年～九〇年之間，日本企業在香港的投資急遽增加。不，與其說是對香港投資，不如說是將香港視爲ＮＩＥＳ投資的下一個目標，將其當作進入廣東等華南地區的入口。

八九年天安門事件過後，認爲大陸局勢已經恢復穩定的日本企業，於九一、九二、九三年以雪崩之勢大舉進軍大陸。日幣的升值，更加速了此一行動。除了加工貿易據點以外，日本廠商也注意到大陸廣大的國內市場，於是爭相設立生產據點。任誰也無法預測，這股潮流要到何時才會停止。「九四年日本對大陸的投資件數超過一千件、金額達三十億美元」，的確是形成了過熱現象。

這就是「第三次大陸熱」。在改走改革、開放路線的八四年前後爲第一次，在華南經濟急速發展的八七年前後爲第二次，至於這次的大陸熱，則是由於大陸最高權力者「鄧小平」下達的指示所引起。九二年一、二月間，鄧小平前往廣東方面視察，並發表「南方講話」，成爲掀起第三次大陸熱的關鍵。

在中共當局的大聲疾呼及自稱獲得鄧小平保證的香港首富李嘉誠，在華僑間的穿針引線之下，果然又掀起了另一波大陸投資熱潮。鄧小平首先說動在香港和新加坡僑界頗受信賴的李嘉誠，的確是相當高明的作法。

他力本願的日本企業，一向都是追隨香港、臺灣商人行動。只要有香港、臺灣商人在前引導，日本企業就敢放心投資。

近年來日本企業進軍大陸的情形，可說異常興盛，光在大陸設立的公司，就已經超過一萬家，而且還沒有降溫的現象。在筆者看來，這些日本企業爭先恐後的表現，就好像唯恐搭不上「投資巴士」似的。

昔日日本的泡沫經濟，如今已經轉移到了大陸。

已經有人看出這股大陸熱非常危險，光看數字，就知道大陸正面臨可怕的通貨膨脹問題，而十月間向日本提出的第四次借款，金額高達一兆五千億日圓，儘管雙方並未正式公布累積債務，但可以確定的是，那絶對是個天文數字。

總之，大陸確實出現了泡沫經濟。請各位想想四年前日本的泡沫經濟。一直苦於人手不足的日本，從九二年開始減少僱用，令許多剛從學校畢業的大學畢業生，有了一個最難忘的夏天。鑑於日本的經驗，筆者斷定大陸的泡沫經濟不久就會破滅。

已經進入大陸的日本企業，今後該做好應付大動亂的準備；打算進入大陸的日本企業，最好不要採取長期經營的策略，而以一～二年的短期投資回收爲方針。

今日的「經濟大國中國」，是鄧小平一手創造出來的，最後也會隨著鄧小平一起消失。

上海爲大陸泡沫經濟的象徵。上海是亞洲歷史最悠久的都市，早在東京還被稱爲江户的時代，它就已經是現代化都市了。

英國於一八四五年十一月，於黄埔江西岸取得〇·五六平方公里的土地，一八四八、一九〇〇年即以此爲據點向西擴展。

法國憑著一八四八年的黃埔條約，於四九年在英租界南方與縣城之間劃定租界，後來又趁機向北延伸。美國於一八四六年在蘇州河北側荒地建立教會，確立租借權，後來便以此爲根據地，將蘇州河和黃埔江會流處北岸劃爲租界。

一八九五年，日本在中日戰爭中獲勝，於上海取得租界，以蘇州河北岸的虹口地區作爲居住區。

由沿著黃埔江岸設立的外國商館、住宅群所留下的遺跡，不難想像當年的繁華。

上海是東方經濟中心，每天都有大筆金額在此流通。而金錢流通的地方，自然就會聚集人群，於是沿著黃埔江的小部落，搖身一變成爲中國第一大都市。

如今，上海成爲有意赴大陸投資的外國投資家最感興趣的城市。在上海復興以後，現在號稱爲中國大門的香港，恐怕只能充當後門了。

現在的上海，是中國最大的都市（人口一三四一〇萬），與長江流域的工業都市、肥沃的農業地帶緊密結合。

地下鐵和高速公路建設正在急速展開，但是四十萬輛車擠在狹窄的街道上，往往使人動彈不得。爲了獲取巨額利益，負責管理土地的官員，將中心部高級地段上外國人在租界時期所建造的房子拆除，改建高樓大廈。

最近二年內已經投注一四〇億美元以上的資金於上海的外國企業，除了要忍受廢氣和灰塵之外，還必須支付昂貴的租金，才能取得狹窄的辦公室。

這些已經進軍上海的外商，嘴裡常說的並非自傲的賺錢手法，而是牢騷。儘管如此，上海仍然吸引了許多外國企業前來投資。

外國商人注意到上海，是因爲它所具有的歷史。上海在鴉片戰爭後所簽訂的南京條約（一八四二年）中成爲國際貿易港，在居住於租界裡的外國人的實質支配下，變得非常繁榮。

上海的繁榮吸引了大批中國人進入，久而久之便形成獨特的生活文化。對「歐美野蠻人」的作風頗能理解的上海人，在中華思想根深蒂固的中國人裡，成爲獨特的存在。蔣介石在國共內戰中失敗，一九四九年中華人民共和國成立時，上海的外國人全部被趕走，中國資本家則逃往香港。

在那之後，上海便成爲孤立的工業都市，近四十年來所賺取的財富，九〇％爲北京中央政府所有。於是，香港取代上海迅速發展。假若當年上海不曾施行鎖國政策，則香港現在還只是一個小港而已。

進軍大陸的最大危機

中共政府對投資方面所設的限制重點如下：

1.沿海地區的外資企業，具有輸出生產品的義務。輸出比率因各省、業種而不同，一般在三〇～五〇％之間。

2.雖是生產企業，但是進口零件時應以外幣收入（輸出額）支付，藉以求取外幣平衡。

3.海外進出日系企業的優點之一，就是在外國的事業必須支付法人稅，在日本則不必支付。

4.中國方面在成立合併事業時，並未支出現金，多半是以出資證券（與股票相同）作爲擔保，有時也以土地或設備的估價額作爲出資金。

●支付一〇〇％的關稅

中共面對外國的抗議，往往會以關稅作爲擋箭牌。今年一月一日：

「中美經濟制裁會戰，一〇〇%關稅的應酬。」

報紙上出現這樣的標題。

美國通商代表部（USTR）於十二月三十一日，以侵害美國商品的智慧財產權爲由，宣布對大陸實施經濟制裁。中共自然也不甘示弱，立刻於一日黎明透過新華社表示將對美國商品和企業採取反制裁措施。就這樣，在開放大陸廣大市場的戰爭中，中美展開了一場拔河比賽。

美國的制裁行動，是基於大陸仿冒、販賣美國生產的電腦磁碟片或電腦軟體的情形若不改善，則將引用貿易法中的特別三〇一法案（特定出智慧財產權侵害國），對大陸輸美的主力製品如電氣製品、玩具、鞋子、自行車等，課以一〇〇%關稅，總額相當於二十八億美元。

大陸方面的主要制裁內容，則是對美國的CD、菸酒課以一〇〇%關稅，停止進口電影、錄影帶等映像軟體，並暫時中止與美國汽車廠商的大型合作計劃。中共揚言，一旦美國於二月四日實際展開對中國的制裁，那麼中國也會對美採取制裁行動。

中美的特別三〇一法案交涉從去年六月開始。據USTR指出，「過去一年內，中國大陸製造的海盜版CD達七五〇〇萬張，甚至還輸出到東南亞、加拿大等地。」此外，複製電腦軟體的情形也很嚴重。

美方以「正版品無法進入，才導致海盜版氾濫」爲由，要求該外國企業參與音樂、映像軟體在大陸地區的流通。中共認爲這是變相的市場開放要求，於是雙方的交涉宣告破裂。

爲了早日開放大陸市場，美國一直希望促使中共加入世界貿易組織（WTO），然而雙方的交涉卻陷入僵局。對於美方的威脅，中共產生强烈的抵抗：「（制裁）絕對不會接受。中國政府絶對不會屈服於任何壓力或制裁。」（對外經濟貿易協力部）

在這波制裁行動中，於大陸設廠的日本企業的輸美產品，似乎也成爲美國的制裁對象。因此，制裁會戰的發展，頗受日本企業關心。

在大陸做生意要獲得成功的條件，就是必須認清這是一個沒有法律的地方，而且必須和一群不具經營能力的人一起做生意。以往在計劃經濟體制下，成功或失敗的主導權都不在自己手中，所以大陸人當然不具有經營能力。爲此之故，在簽訂契約時，甚至連偷了公司一枝鉛筆要罰金多少、負責打掃的人蹺班要如何處罰責任者等細節，都必須白紙黑字載明責任歸屬問題。

大陸在今年開始實施多項新的法律，其中有很多是互相矛盾的。和日本人認爲法律是用來限制人類行動的想法不同，大陸人認爲法律是爲了方便人類而制定的。因此，在感覺不方便的時候，「法律趕緊躺下吧！」對法律根本不屑一顧。像最近引起爭議的取消歸還增值稅的決定，就是基於這種思想而產生的。

●對大陸投資的特徵與危險度

日系企業經由香港營業所進行投資的企業，多半爲大型企業，這是因爲對大陸直接投資的風險太高所致。

在九四年進軍大陸的日系企業中，只有一百家獲得承認，至於期間則是：

a、有限定期間　四十八家

b、未限定期間　四十二家

數目大致相等，但是未限定期間者表示安定度較低。而在有限定期間的企業中，將期間定爲七十年的只有一家、最多的十五年（十五家）與二十年（十四家），另外還有五家將期間限定爲十年。換言之，整體的三分之二是屬於較短期的投資。

中共並不認可外國資本的土地取得，就算已經簽訂長期契約，也會以各種理由將其取消。

那麼，資本型態又如何呢（實際數目一千家的比率，與這個數字大致相等）？

a、合併　　　七十六家

b、獨立資本（只有日本）　十八家

由整體當中有五分之四，也就是七五％屬於合併事業，可知中共方面强烈要求合併。

爲什麼大陸當局希望合併呢？這還是大陸投資的主要重點。

●合併的風險

大陸方面原則上希望一切都合併。

以往在香港的投資，並未要求合併，因此風險較低。基於這個因素，大型日系企業都是先在香港設立據點。

但是，香港九七年就要歸還中共，因此現在到香港投資，就等於到大陸投資。以往在香港以獨立資本開設的日系企業，千萬不要忘了到了九七年以後，將會成爲大陸投資。

香港一旦失去其獨立性，就再也不可能獨立了。

可以預見的是，現在以獨立資本形式在香港投資的日本企業，九七年後將會被中共當局要求與大陸企業合併。

更值得注意的一點是，中共對基於政策考量認爲重要的企業，會加以收購（大多是强制性的）。事實上，目前已經有幾個香港企業被中共收購了。

除了收購英國企業特別盛行外，日系香港企業也會成爲收購的目標。有些公司之所以撤退，就是因爲不願意被收購。目前，國泰航空公司也面臨了中共的收購攻勢。

●中共為何向香港企業提出合併的要求呢？

這點非常重要。

大陸企業以往都是屬於國營，現在則有大半依然如此。不過，這些企業多半爲赤字所苦。之所以會出現赤字，是因爲負責經營的，是生產性低、缺乏勞動意願的國家幹部。

俄國、古巴、北韓的企業，也是因爲相同的理由而出現龐大赤字，使得經濟低迷不振。

社會主義經濟敗給資本主義經濟的原因，不在於罷工或政策，而是由於勞動者喪失工作意願所致。因此，要挽救赤字龐大的大陸國營企業，最簡單的方法就是與外國資本合併。

大陸國營企業的實體，甚至連他們自己也無法掌握，只有藉助來自海外的資金和技術的合併投資方式才能加以挽救。

合併是鄧小平想出來的絕妙圈套。

在鄧小平眼裡，香港獲益率較高的優良企業，自然是令人垂涎三尺的美食。

●合併企業大半出現赤字

今年四月，大陸當局於合肥召開全國外資企業登記管理工作會議。根據會議中所公布的資料顯示，九〇年以後出現赤字的企業，占全部的四〇%以上，九二年更高達四三%。自八〇年實施市場開放以來，十四年內平均增高了五〇%以上。不過這只是根據中共已公布數字所得的結果，實際數字可能高達八〇%。

●取消外資系企業的執照

到了九七年，在香港的外資企業可得提高警覺了。

自八〇年實施經濟開放以來，至今十四年內，在大陸本土被取消執照或受到處分的外資企業，高達八千家，相當於全部外資企業的四三%。

●控告外資企業的大陸消費者

以九三年在北京對日立電視提出訴訟的案例爲開端，根據中共人民法院所公布的數字，九三年大陸消費者對商品提出控告的，達八十九萬四千件（七百億元），與前年相比增加四〇％。

而過去較爲少見的控告外資企業案例，現在正在急遽增加當中，預計九四年度將會輕易突破二千件。不過，這類訴訟大多與生意有關。

●勞資糾紛擴大

鄰近香港，有明日的上海、大連之稱的深圳，勞資糾紛正急速擴大。

九四年在深圳發生的勞資糾紛達三千件以上，因而發展成大規模罷工事件的，則有二十件。參與罷工的勞工達七千人，相關勞工則高達八萬人以上。當然，日系企業也無可避免地遭遇到這類事件。

設於珠海的「佳能珠海公司」，曾發生千名員工發動罷工，要求加薪五〇％的事件。此外，「珠海三身公司」也曾發生同樣的罷工事件。

九四年七月，即便是在警戒森嚴的北京，也出現了示威抗議活動。因天安門事件居滿五週年而保持高度警戒的北京，有數百名工人因不滿政府腐敗及工資問題而進行示威抗議。

●在香港發起的反政府示威

九四年六月十四日，二千名香港人士爲抗議中共以洩露國家機密爲由，將香港記者席揚判處十二年徒刑，特地於香港發動示威。

●商業上的麻煩陸續出現

在日、美、歐具有實力的外資企業，與中共在商業上的糾葛日漸表面化。作爲大陸市場經濟化象徵的「麥當勞」，突然被迫關閉位於北京的總店，即是一例。

由於北京和香港計劃在王府井一帶進行商業再開發計劃，因此北京當局要求設在此處的麥當勞遷離。這家位於北京高級地段中心的麥當勞店，於九二年開業，店舖面積達二五〇〇平方公尺，不僅在麥當勞連鎖店中堪稱最大，同時也是獲利最豐的一家。據麥當勞的有關人員表示，該店在啓用之前，曾和北京市簽下爲期二十年的使用契約。

儘管北京當局答應讓麥當勞遷入在再開發計劃中預計要興建的購物中心內，但是這種以再開發爲由，無視於已經簽訂的使用契約而要求對方遷離的作法，卻令外資企業感到相當不滿。

里曼・布拉札茲的兩家分公司，以不履行償債義務爲由，向紐約聯邦法院提起訴訟，控告大陸的大型國有企業中國國際石油化工聯合公司（UNIPEC）、中國五金礦產輸出入總公司及其分公司，索償債務（不包括利息）分別爲四四〇〇萬與五三五〇萬美元。

據設在北京的歐洲金融機構表示，大陸最大投資公司中國國際信託投資公司（CITCI）的上海分公司，在倫敦金屬交易所損失了三千萬～五千萬美元，雖經該交易所的經紀公司歐美某金融機構再三要求付款，卻始終不得要領。此外，以日系爲主的合併租賃公司，擁有六億美元的債權卻很難回收。

●提高九個月前的暖氣費

因市場經濟化而引起的統制價格崩潰和通貨膨脹，使得物價上揚漫無標準。不過，據設在大連的日系企業表示，當地的投資環境還算穩定。

在大連，直屬於能源部的東北電力管理局相關公司，於去年十月通知用戶，暖氣費和蒸氣費將分別提高五〇%和四二%，並且註明：「這項調價行動將追溯至今年年初」。換言之，用户必須補繳過去九個月的漲價金額。

東北電力管理局所持的理由是：「由於煤的價格自今年初即不斷上漲」。

根據日系企業的說法，調價後冬季一個月的暖氣費用，甚至還超過人事費。而廚房、食品殺菌工程等部門所使用的蒸氣費，則爲人事費的六～七成。這項調價行動雖經以大連日本工商俱樂部分會爲主的外資機構聯名提出抗議，但是大陸方面卻堅決表示，如果到年底爲止還未繳納，則視同滯納來處置，迫使外資企業不得不乖乖付錢。

許多日本企業對此深表不滿：「從來没有一個國家連過去的費用都要追加計算的。像他們這種作法，教人如何在此安心發展事業呢？」

為赤字所苦的日系企業

中共除了中止歸還外資企業所繳付的增值稅（附加價值稅）外，地方政府更巧立各種名目要求企業捐獻、任意漲價之餘還有很多不透明的手法，在在顯示出其貪婪的本性。

在大陸投資的日系企業不下一萬家，但是真正賺錢的卻不到二成，而且多半是大企業的承包商，也就是中小企業。

憑自己力量進軍大陸的中小企業，很多都爲赤字所苦。如果將出現赤字的中小企業一一公布，恐怕會使它們面臨倒閉的危機，故在此僅列舉大型企業的名稱。

以下所列舉的，只是冰山的一角。這些大型企業在日本本土的業務相當不錯，但是在大陸卻出現赤字。

・日本興行銀行	金融業
・熊谷組集團	遊樂場
・日本航空開發	大樓經營
・日本尤尼西斯	軟體開發
・井關農機	農機器具
・佳能	光學機器
・蝶理	衣料品
・新日鐵系	辦公室建設
・三井物產	大樓出租

·札幌建設　　　　　　飯店經營
·尼可尼可堂　　　　　飯店經營

筆者十五年前曾因生意需要而長時間停留在阿拉伯地區。兩相比較之下，我發現其經濟方面與大陸類似。

1.吸收外資企業的技術與資金。
2.必須合併，無法獨自經營。
3.當合併企業賺錢時，便立即修改法律加重其稅金負擔。
4.員工的效率極差、經常蹺班。完全不具備服務精神。
5.企業光憑實績無法得到好的評價，價格低廉、肯給許多回扣的企業，下次發包時一定能夠得標。

在阿拉伯熱興起的時代（一九七九～一九八五年），能夠獲得利益的日本企業也是不到二成，而且多半是中小企業或有大型企業支撐的企業。大型企業除了享有運用大筆訂購金的好處之外，事業本身往往出現赤字。

閱讀本文的大型企業經營者中，想必很多都有類似的痛苦回憶吧?不幸的是，當前的大陸經濟，與當年的阿拉伯經濟性質相同。

中國大陸的經濟成長率，目前的確傲視全球。很多生意人一聽到大陸有十二億人口，就聯想到驚人的消費市場，但事實上，真正具有購買力的大陸民衆，只有二億人。其餘十億人中的八億，是屬於貧困階級，另外二億則是經濟能力會不斷提高的階級。

只要看看不斷逃往各國的大陸偷渡客，就知道與繁榮經濟景觀成反比的貧窮人口很多。如果生活富裕，有誰願意離鄉背景逃往外國呢？

在大陸，只有工業生產欣欣向榮，農村的疲弊現象則日益惡化。

目前大陸經濟正處於增溫階段，GNP成長率高達十一％，但消費物價也上漲了二一％，呈現高通貨膨脹狀態。其結果是，都市和農村的貧富差距會變得非常明顯，而政府幹部、地方官員的貪污、腐敗，也會更加猖獗。對高幹及其子女（太子黨）濫用特權的不滿，是引爆八九年天安門事件的主因。

天安門事件的後遺症持續了二年，九一年起海外開始恢復對大陸投資，九二年海外對大陸的投資契約達四八〇〇〇件、金額達五九〇億美元，件數和金額均超過七九～九一年十二年間的累計數字。到了九三年，更增加爲一六〇〇億美元。

其中七〇％是來自香港、臺灣及印尼、泰國等東南亞地區的華人資本。資金雄厚的華人財團，紛紛從事大規模的不動產開發及工廠建設。

到了九四年，華人的投資意願仍然不見衰退。流入大陸的華人資本，為經濟成長注入了爆發力。

不只是沿海地區，連內陸地區的十八省份及長江沿岸的五大都市、國境上的十三個都市，也都實施經濟開放政策，允許外資進入。在地方上，縣、市、鄉均設定了開發區，並以各種有利的條件來吸引外資。刹那之間，在全國各地著手興建的開發區達八千處以上，似乎有開發過熱的傾向。如此一來，當然會形成泡沫經濟現象。

金融秩序紊亂、貪污瀆職與腐敗為家常便飯，貧富差距不斷擴大等大陸現象，是外資企業在決定投資之前，必須先有所瞭解的重點。

發生於八九年六月四日的天安門事件已然屆滿五年，然而通貨膨脹及地方幹部的腐敗，比起當時可說有過之而無不及。前面說過，六．四事件的根本原因，在於人民生活困苦。而今貧窮的農民和百姓比當時更為增加，他們內心的不滿該如何宣洩呢？我相信泡沫經濟破滅的日子已經為期不遠。

第 6 章
儒教資本主義之國
中國

「人治」國家所產生的腐敗

中國走向資本主義化，商業機會也增加，但相反的，中國的儒教資本主義卻露骨地開始要求賄賂。在凌亂的中國，並沒有完整的捐獻管道體系，到處都需要花錢。

中共最高實力者鄧小平有兩男三女，其中在文革時期成爲殘障者的長男鄧樸方，在八四年於中國最初的身體殘障者福利基金會的設立記者會上登場。

中共政府對於身體殘障者的應對貧乏，社會偏見也不少，基於這些現實的理由，因此當初衆人都對這個團體投以關懷。鄧樸方在八四年八月訪問港澳，翌年又訪問印度，並且曾與日本的中曾根首相會談，也曾接受法國總理密特朗的招待。

殘障者基金會設立的同年，在基金會的主導下誕生了「康華公司」。以籌募殘障者福利基金爲由，獲得國務院進口品的減免稅特權的這家公司，因爲和最高實力者鄧小平的兒子有關，所以規模急速擴張。八七年六月，更名爲「康華發展總公司」，其規模在當時已經超過三千家，這是因爲全國企業競相加入成爲子公司。

幹部都是赫赫有名的人，包括鄧小平的戰友、副主席王震，還有理事長唐克（前冶金工業部長）、副理事長高楊文（前煤礦工業部長），全是在煤礦、能源方面的實力者。在石臼所煉鋼廠建設上，康華也是中國的窗口。

康華濫用特權，僅僅一年就貪瀆了一百億人民幣的暴利。當時人民之間稱爲「官倒」的黨、政府、軍關係地位，都加以利用進行投機行爲，因此招致民怨。並利用國營價格與市場價格的差價賺取差額，利用權力從海外進口家電等，再以高價轉賣給國內，造成物價急速上揚，人民生活直接受到影響。

「官倒」的象徵就是康華。尤其鄧樸方的「康華公司」與很多日本企業有關，在援助身體殘障者基金會的援助金名義下，新日鐵、富士銀行、三和銀行、伊藤忠、丸紅等大企業，也投入很多資金。此外，富士銀行與康華共同出資成立康富租賃公司，伊藤忠同意在八八年三月給予康華十億美元的融資。

這些從日本借來的錢如何運用，成果如何，日本國民根本都不知道。

藉著借款之名，日本企業也得到了很多利益。在中國經濟過熱的時候，政府關係者和高級幹部子弟露骨賄賂的要求更爲劇烈，而包括政府援助在內，來自海外的資本投下是否安全，頗令人懷疑。

「從中國逃避的巨額資金」、「中國政府關係者的非法利益流出海外」等等指摘的聲音也出現了。

雖然不能說中國政府浪費了幾十億美元的借款，沒有儲蓄起來，但與國有企業合併的海外投資家的資金，卻是入了政府職員的退休職員荷包中。

資本的逃避對於最熟悉中國將來立場的人而言，意味著不可以相信中國的未來。而以往熟悉腐敗政治的支配層的財產權，已經不再是對權力者的賄賂或走後門，而是藉著法律保障而能夠對未來進行投資。

鄧樸方就利用外國資本獲取暴利。

趙紫陽之子以「彩色電視的投機買賣」爲由，在廣東的經濟特區深圳及預定可從日本借來五千億日幣的海南島進行事業。

八五年時，深圳經濟特區的「深圳市新技術發展公司」總經理趙大軍，也利用父親的權力，讓自海外進口的汽車及家電製品在國內橫流，賺職龐大的不法利益。同時其父指導的沿岸部的開發構想，再加上邊境的孤島海南島，使他成爲廣東省直屬的華海公司代表，和弟弟趙二軍從八七年開始炒地皮。

而日本的銀行家們也由於外資驟然停止，陷入如中南美一般債務延宕的困境，同時國家保險程度以往如此之高，讓人覺得非常危險。已經不再像以前那樣，認爲把錢借給政府就不必擔心償還的問題。但在中國的日本企業，仍然以日本政府答應借款給中國當成強心劑。

天安門事件經過一年後，再度開發的八千億日幣借款成爲中國經濟的潤滑油，使中共從停滯中再起步，而其他的外國資本也陸續回籠。金錢在中國大陸繼續流行，與日本企業有關的計畫的資金也得到充分的保證。

改革、開放的大路線並沒有改變。除了趙家的管道被肅清外，改革派的技術崇拜表現及人脈，仍然溫存。日本企業可說已度過了天安門事件。

請仔細看看三次日幣借款的額度。

第一次（八〇～八四年）　三千三百一十九億日幣；大平首相——　總理趙紫陽

第二次（八四～九〇年）　四千七百億加資金回流七百億日幣；中曾根首相——　總理趙紫陽

第三次（九〇～九五年）　八千億日幣；竹下首相——　總理李鵬

第四次借款將從明年開始，總額達五千億日幣，決定三十二案件，同時決定實施日本輸出入銀行的二十億美元的融資（未限定資金用途的融資）。關於日幣借款方面，中國提出十案件、七千億日幣的要求。

這次對中共援助的特徵，是將以往五～七年爲單位的借款，改爲三年之期。據說這是爲了牽制中國的核武實驗等軍事力增强的現象，但不僅如此。雖然外交上絕口不提，可是鄧小平死後的中國動向，日本方面沒有把握，才會採取這樣的決定。日本政府在這年春天，也全力促成全人代委員長喬石訪日。

堪稱黨內第一人的喬石，據說掌握鄧小平以後控制社會不安的公安關係，而且「對日權利表現作法較漂亮的是保守派的實力者陳雲和喬石」（通產省成員的報告）。也就是說，日本財政界目前與喬石尚未建立有效的溝通管道。

關於第四次日幣借款最大的問題就是，中國方面到底誰是處理日幣的實力者，日本方面很難評估。

中國大陸不是法治國家，而是「人治國家」。

以往，中國金錢的權力握在已故國家副主席王震的手上。

從日本第一次借款開始時，就創設「中國國際友好聯絡會」這個團體。由鄧小平的三女鄧榕、楊尚昆的長女楊李擔任幹部的這個民間團體，表面上與政府的管道不同，但背地裡卻發揮了中日兩國實力者的管道。名譽會長是王震。

王震之所以有力量，係因爲他是代表鄧小平、楊尚昆等黨、軍內的革命第一世代共通利害的緣故。外交部關係者曾說：「共產黨長老的家族及所養的部下及地盤、權力都能夠均匀地畫分，使他們感到有面子，這就是王震力量的源頭。」

王震在九三年死去。總書記江澤民、總理李鵬的指導部，以王震是最有力的人。而在鄧小平迎向最後的死期時，相信血緣主義極强的中國特權階級一定會產生很大的震撼。

不只趙大軍，高級幹部的子弟們隨著開放路線而陸續放洋，可能是因爲對政治不關心及對國家未來没有信心，才會促使他們拚命地想要賺錢。連逃到國外的趙紫陽的兒子也說：「不相信中國的未來。」

鄧樸方爲什麼要這麼性急地集結一些銀行家呢？因爲他知道在父親死後，没有這些銀行家他無法成功。他知道在父親死後，没有權力就什麼都没有了。

鄧小平一向主張賺錢第一主義、自我中心主義。自天安門事件以後，這個癌細胞持續增殖。中國共產黨四千年的弊端，正在溶解自己。高級幹部的「腐敗」的橫行，意味著中國人又要再度回到孫文時代。

中國共產黨已經開始了內部分裂。二十年的改革，擁有巨富的私人企業＝資本集團，與傳統黨的支持基礎、國業企業及農民集團這兩大團體正在進行分裂。

改革、開放是否能夠一直持續得到人民的支持呢？事實上，本質上對立的兩大集團的矛盾越演越烈。在鄧小平死後，相信定會掀起軒然大波。

中國企業經營困難問題嚴重

不良債務的「三角債」急增，包括日系企業在內，對外資企業產生影響。

最近進入中國的外資企業之間，不良債權對策是提高押金。這是中國國有企業的借款回收太遲所造成的。銷往國內市場的製品，以零件販賣爲目的的外資企業幾乎都是如此，而與外資有關的大型企業也由於市場經濟化而伴隨造成經營困難的問題更爲嚴重化。

去年爲了抑制通貨膨脹而採取金融緊縮政策，製品、銷售不振及資金調度困難的企業增加了，即使是高成長，但無法支付借款的國有企業很多。

根據北京國際會計事務所的說法，日系等外資企業洽詢提高押金的問題，以及辦公室方面進行提高押金指導的事例急增。

根據中國稅法規定，如果兩年都未支付，而且看起來無法回收的債權，可以進行損失金額計算。但是中國企業的財務內容或營業狀況，光從表面來看很難看出「將來無法回收」，因此煩惱的企業很多。

根據中國政府的說法，國有企業還錢的腳步非常緩慢，而這些不良債務大約有六千億人民幣。去年十一月階段的金額與前年比，提升了七〇%。國有企業本身沒有辦法從客戶那兒回收貸款，沒有現金，就無法支付貸款，形成這種連鎖構造。這種將特徵稱作「三角債」，像鞍山鋼鐵、首都鋼鐵等最大國有企業，也有三角債的問題。

而在這個連鎖反應中的日系企業，爲了防止受到損害，因此「製品先交，貸款後付」這種商業習慣，在契約中將其改爲「貸款先付」的交涉行動不斷增多。

像這種朝市場經濟邁進的開發中的中國企業經營，面臨非常嚴重的狀況。國內總生產（GDP）三年來上升了兩位數，具有輝煌的成果，但是相反的，卻也面臨了倒閉、在家中等待機會的實態。

中國直轄都市之一天津市，九四年一月間有六十八萬四千人失業，受到市場經濟風暴的吹襲。在天津有五十二家職業介紹所，失業者被介紹到八千五百六十一家公司工作，有二十一萬四千人再就職。

遼寧省丹東市是位在鴨綠江岸，與朝鮮民主主義人民共和國（北韓）的新義州對峙的港灣都市，國有大中型企業有七百一十四家，過半數的三百七十五家停止運作，從業員只好在家等待機會。根據回鄉過年的目擊者說，通過遼寧省的省會瀋陽市時，發現車站有七人凍死。

計畫經濟時代，負責中國經濟的東北三省經濟不振，工資延遲發放的傾向明顯，而更可怕的實態是森林資源的損失。八八年，黑龍江省到內蒙古自治區擁有中國最大規模森林的「大興安嶺」發生火災，森林資源喪失。

根據中國經濟日報女記者的報導，這場火災是居民先發現的再通知消防隊，但消防隊員卻在打麻將，因而釀成大災害。而遠超過大興安嶺大火的火災，最近又有兩起，但中國的傳播媒體完全沒有報導。

這是因爲若沒有得到上級的許可，是絕對不允許報導的。天安門事件（八九年六月四日）以前，中國當局對中國各新聞社曾提出「每一家報紙都寫同樣的東西，無法在競爭上取勝」而鼓勵自由報導，但現在還是限制報導的自由。

悲慘的公害病當然無法加以報導，因此，環境破壞的問題也不得公開發表出來，這的確是悲哀的實態。而國有大中型企業經營問題的嚴重化也未加以報導。

中共對西藏的橫暴

小林秀英在「文藝春秋」新年號中曾發表「布達拉宮殿修復報導的欺瞞」一文（以下引用）。

九四年八月九日，在西藏首都拉薩舉行了布達拉宮殿修復落成典禮，中國中央政府請來國務院委員李鐵映等來賓，盛大舉行。NHK綜合電視台於九月二十日晚上九點半開始的『現代特寫』節目中，在全國各電視網上播放。我是在日本國內播放落成典禮時才看到的。

那些穿著漂亮的衣裳、神情愉快的西藏人，還有臉上露出微笑的西藏女性來個大特寫。最近也在電視上看到西藏人要求獨立的示威活動報導，但是這個節目似乎是爲了對於曾說「達賴喇嘛沒有任何幫助」這番意見的西藏男性加以調和似的，播出一位農民含淚地說：「對法王要絕對地信賴。」

但在同一節目當中卻沒有說明最重要的狀況。也就是說慶典是在嚴格警戒之下，只有接受招待的貴賓才能夠參加，一般西藏人只能隔著圍牆來看，同時報導慶典的外國電視台只限定三家，NHK是其中一家。

當時在拉薩的西方觀光客說到：「典禮從頭到尾都是秘密進行。只說西藏人根本不需要知道有典禮的存在。」而且到處都是警察，拉薩市內彌漫著緊張的氣氛。NHK的採訪人員不能自由地在拉薩市內出入，因而没有注意到這個狀況。或者即使注意到了，也無法報導吧！

透過新華社電等，布達拉宮殿修復自吹爲「中國共產黨保護傳統文化的功勞」的中國政府的作風，西藏的流亡政府批評爲：

「雖說是保護傳統文化，可是孩子們卻不能夠學母語，喇嘛們也不能夠在寺廟學習。」

「修復宮殿是爲了增加西藏的觀光收入，典禮也有香港的旅行業者及觀光局官員參加。中國政府將佛教視爲政治活動的一部分，西藏佛教的將來一片黑暗。」

在這方面，NHK也未報導。

花了六億日幣修復布達拉宮殿，特寫笑臉的NHK報導，會讓很多觀衆誤解西藏是「和平國」。

在這個報導播出之後，秘密地被帶到印度，致函聯合國的來自西藏內部的悲鳴這種告發文書，藉著西藏流亡政府於九月二十三日公開發表。內容詳細描述西藏人所處的悲慘狀況。

據其說明，沒有宗教自由，西藏佛教的喇嘛和尼姑們被逮捕、趕走。西藏語文教育受忽視，市街上使用西藏語的人銳減，而且使用的人生活困難。學校制度雖然存在，但是只有表面化而已，幾乎沒有完整的教師制度。中共奪取了西藏的天然資源，西藏人沒有使用的權利。每天，好幾百輛滿載著西藏木材的卡車下山，西藏人甚至無法使用一塊完整的木頭。被視爲最神聖的亞姆德克措湖，昔日班禪喇麻（西藏佛教的高僧）曾拚合阻止建設的水力發電廠，現在工程仍在進行當中。而在建造的現場，只有中共軍人才能進入的地區，正在那兒挖著珍貴的資源，這是非常危險的事情。

在中共經濟上失敗的無數中國人，來到西藏，在商業地區無限制地供應菸、酒、果汁等飲料，還有玩具、遊戲用品等。中國政府破壞了西藏人的居住環境，並以各種優待措施鼓勵建造適合中國人入植者用的高樓大廈，加速中國人流入西藏……這篇告發文書也說明即使外國調查團來到西藏，西藏人也沒有傳達自己心意的自由。

中國人流入西藏，中國人進行商業活動的支配，抹殺西藏文化，現狀是只能過著使用中文的生活。龐大的軍事力進行鎮壓，西藏人的生活非常困難，首都亦然（以下略）。

筆者對於中國對蒙古强行中國化的行爲也曾加以批判，礙於篇幅，有機會再向各位說明。

全人代第八期第三屆會議於三月五日開幕

總理李鵬的政治活動報告，爲了壓抑猛烈的通貨膨脹，說明經濟成長率從前年的十一％控制到僅達八～九％，而商店的國有企業改革，也要不慌不忙、踏實地前進，才能夠避免失業等混亂的局面。

通貨膨脹去年達到二一·七％。意識到去年的失敗，今年目標朝向「儘量將通貨膨脹壓抑在十五％左右」」漸漸將物價上升的尺度遏阻在一位數左右，而轉爲這種「軟著陸」的方針。

經濟改革的最大主題在國有企業方面，報告指出即使「破産」，也要確立經營改革的方針，但說法僅止於「經過數年的努力，親眼看到效果」而已。中國首腦在去年曾提出

「九五年爲國有企業改革年」的口號，但是卻也只是「數年内的努力」的軌道修正形態而已。

具體的作法是「會造成失業、社會安定受損的企業破產等問題要盡可能愼重其事」。另一方面，必須先做照顧失業者的失業保險制度的整備，及國有企業經營管理的强化，盡可能要減少改革的「痛苦」，這些在這次的報告中都有説明。

由於鄧小平時代即將結束，因此領導部在改革方面也放慢腳步，儘量保持安定。

回顧一下過去主要的全人代。

第五期（常務委員長―葉劍英）

・第三屆會議（八〇年八月～九月）

總理由華國鋒更換爲趙紫陽。

第六期（常務委員長―彭真）

・第一屆會議（八三年元月）

進行首腦人事的決定，包括李先念擔任國家主席、鄧小平擔任國家中央軍事委員會主席。趙紫陽連任總理

第七期（常務委員長―萬里）

·第一屆會議（八八年三月～四月）

決定的首腦人事包括楊尚昆擔任國家主席、李鵬擔任總理。承認改革的加速與深化、生產力的發展與推進等政府活動報告。

·第三屆會議（九〇年三月～四月）

總理李鵬在政府活動報告中批判趙紫陽路線（天安門事件的伏線）。

鄧小平將國家中央軍事委員會主席的職務讓給江澤民，完全自公職引退。

·第四屆會議（九一年三月～四月）

鄒家華、朱鎔基獲選擔任副總理。

第八期（常務委員長—喬石）

·第一屆會議（九三年三月）

江澤民被選爲國家主席，李鵬再度當選爲總理。採取將社會主義市場經濟當成經濟體制目標的八二年憲法修正案。確認高度經濟成長路線的再加速。

·第二屆會議（九四年三月）

總理李鵬在政府活動報告中强調安定與發展的兩立。

在第三屆會議中提出政府活動報告的總理李鵬，坦白地承認朝向市場經濟化的中國，的確存在著問題。

「政府活動報告」的要旨如下：

一、經濟成長率的目標設定爲八～九%。對於農業、交通、通信、能源各方面進行重點投資。

二、去年一年，商品零售價格上升率達二一·七%，引起大衆的不滿。今年物價上升幅度目標抑制在十五%左右。

三、對外開放持續擴大。關於外資的導入，策定明確的產業政策。希望成爲世界貿易組織（WTO）的原加盟國。

四、國有企業的社會保障負擔漸漸減輕。

中國到去年爲止，連續三年內創下十%以上的經濟成長率，爲世界上少數的高成長率。總理李鵬對這個成果感到非常驕傲，但對通貨膨脹的惡化及貪污瀆職等腐敗現象的橫行也說「大衆不滿」。

在年成長率突破二十%的通貨膨脹率中，大衆的不滿以食品價格的上揚反應最爲激烈。由於農民離開農業，導致耕地減少、農產品不足，而且法律不完善，致使價格上揚的情況日益嚴重，對食品價格上揚所造成的影響，「無法充分加入計算」。在報告中，總理李鵬明確地承認過錯。

市場經濟化不斷地進行，但陸續製造出在市場上無法銷售的製品而陷入經營不振的國有企業卻增加了。將國有資產視爲私物化的現象橫行，因此報告中指出「資產的點檢作業要全面展開，强化管理，並將監察幹部送入一部分的企業」。

中共國防費今年增加兩成

整個預算案呈現大幅度赤字。

西元一九九五年度預算案，國防費要求增加二一·二%。歲出整體的成長率約達十七%，國防費僅次於去年的二二·四%，爲次高成長率。中國整體的通貨膨脹率去年達到二一·七%，當然，也是受到人事費用及設備資材價格上揚的影響，但是。依照「國防力增强」路線的預算措施，則令周圍國家不安。

根據預算案，國防費用爲六百三十億九千七百萬人民幣。國防費的成長率到八九年以

後，每年保持在十％左右，但去年卻一口氣突破二十％

此外，本年度預算案的歲入與前年度相比，增加了十九・六％，爲五千六百九十二億四千萬人民幣，歲出同樣增加十七・一％，爲六千三百五十九億兩千萬人民幣。財政赤字已超過去年度最高額度，約六百六十七億人民幣。再加上內外債務，實際赤字約一千五百三十七億人民幣，已經是最高紀錄了。爲了彌補赤字，因而預定發行大量國債，但國家收支的平衡感覺是零。

中國絶對不是資本主義，但也不是健全的社會主義。到底是什麼呢？

筆者斷定中國是以儒教爲根基，也就是所謂的儒教資本主義。

第 7 章

中國泡沫經濟崩潰的恐怖

鄧小平的×日崩潰序曲

九二年以後，中國採全面對外開放政策，呈現各國對中投資熱。九四年全世界對中直接投資，根據中共對外貿易部的說法，有六萬三百件，比前年增加了二·二倍，契約額爲八百五十億美元，增加了六倍。日本在一～九月內計有兩千一百件，契約額爲二十億三千萬美元，與前年同期相比增加了五倍。

九四年九月末登記資料顯示三資企業（合併、合作、百分之百外資）共三萬八千家，其分布以東部沿海地區佔八五％爲壓倒性多數，中部地區爲十二·二％，西部地區爲二·二％，此外還有內陸西部地區少數企業的存在。

這是因爲中國政府在重慶等長江沿岸五都市，與西安、成都等內陸地區十五省都的開放所造成的。

中國政府將「對外開放第一個十年」定在沿海地區，而「第二個十年」則是採取沿海地區與內陸地區同時發展戰略的作法。

對日本企業而言，進入地區太過於集中在沿海的據點都市，也存在著勞動力、人事費用及土地、通貨膨脹問題顯在化的地區，此外對內陸地區表示關心的企業也增加了。

內陸地區腹地廣大，擁有豐富的資源、勞動力，而對外合作的通貨膨脹條件、工業基礎條件完善，鄧小平發表談話以後，改革、開放慾望不斷滲透，並檢討外資優惠待遇等，强調優勢性。

尤其爲了彌補距離沿海遙遠的缺點，因此「主要以國內銷售也可以」、「不需要像沿海地區一樣要求强烈的輸出義務」等，推出這些積極策略。

西安市在九二年被指定爲內陸開放都市以後，外資急增，光是九二年就達二百一十六件，外資契約額爲二億七千兩百萬美元。這是八三～九一年累計外資件數的三倍多，外資契約額相當於一·一倍。日本企業得到省認可進入的有五十家，得到市認可進入的十九家中，有十家在九二年以後得到認可。

重慶市在九二年十一月前，三資企業有五百四十七家，其中三百五十五家允許於九三年後進入。日本企業在九四年一月以後也進入二十家。

但是這種發展卻使中國面臨最大的危機。已經九十多歲的鄧小平死期不遠，因此他的動向使中國的前途籠罩在愁雲慘霧中。昔日共產黨提出的集體領導制度消失了，鄧小平體制使得中國的權力鬥爭變得更為激烈。

使權力更為複雜的是，同樣在軍隊中，全國有七個不同的軍管區，各自因不同的利害關係而支持不同的人。例如，江澤民的支持者是南京軍管區的將軍，而其他軍管區的領導對他根本不表敬意。以往，人民解放軍全軍都是在「鄧小平同志」的領導下，結合為一體，但是像鄧小平這種具有强烈魅力的領導人物已不復存在。因此，各軍管區便按照各自的利害條件去支持適當的人，結果軍隊喪失了一體性，最後就會成為軍閥，其至軍隊之間也會互相作戰。

鄧小平在長征時，為抗日的八路軍第四野戰軍，經過這段時代到了現在，一直在各方面支持這些軍閥將軍們，將近五十年。由於有這麼久的歷史經緯，所以這些軍閥將軍們對鄧小平非常尊敬，也很支持他。鄧小平的確掌握著權力的中樞。

但是這個中樞將逝，人民解放軍的將領們會有什麼動作呢？

他們當然會以自己的利害為優先考慮，而與自己所支持的政治家結盟，例如，廣州軍管區擁戴葉選平。

鄧小平的×日以後，中國會發生什麼事情呢？具有强烈分裂傾向的軍部會有何動向呢？喪失了求心力的共產黨，喪失了鄧小平這個中樞，當然會崩潰。

導致泡沫經濟崩潰的政治分裂

中國到了二〇一〇年，或到二〇二〇年爲止，是否真能如宣傳所言的成爲世界上最大的經濟國家?有人曾做出這種大膽的預測，其根據是鄰近亞洲諸國經濟的成功。

對東亞各國的經濟而言，成功的關鍵就在於重視財政、金融秩序穩定的宏觀經濟政策的實施。而採强烈權威主義體制的中共政府的財政、金融政府，反而顯出混亂狀態。這是因爲中國經濟的基礎要因不正確所致。

中共政府無法徹底維持財政、金融上的秩序。或許大家以爲權威主義的政權會比腐敗的民主政權更容易强制維持秩序，但事實上並非如此。帶來韓國經濟成功的是財政上保守的軍權政治，但現在的中國政府卻與實施高通貨膨脹政策的阿根廷培隆政權類似。

去年夏天，中共政府爲了緊縮財政上的規律，曾做了一些嘗試，但信用貸款額度不斷上升，都市勞動者的不滿不斷增高，想要挖空海外僑胞荷包的中國領導者，增刷紙幣，建立不斷膨脹以致到達危險地步的泡沫經濟。

中國的經濟發展，尤其是大都市的經濟發展，基本上大都是以投機的資金爲基礎，現狀無法長久持續下去。散漫的財政政案只培養出輕易的成長與短期的利益，而經濟方面的法律環境並未整備，同時投資家無秩序，經常進行非合法的投機而膨脹資產。他們經常利用短期事業的投資確保非法利益，而得到的利益再轉做新的投機事業，或是帶回海外。

投資家在中央政府的監督下隱藏利益，不畏懼風險，只期待短期高收益，這種賭博性的投資領導一切，因此原本可以持續成長的長期計畫投資力量薄弱。很多中國投資人本身也了解現在的經濟熱是不可能長久的。

儘管存在著這樣的危機，但海外的中國人及外國資本家仍然相信海外「專家」的預測——在不久的將來中國會成爲亞洲最大的經濟國家，爲了在短期內賺大錢而拚命湧向中國大陸。但是事實上，這只是投資家過大的期望，理想根本無法達到。

當中國政府發表緊縮金融政策時，投資家開始考慮到股票可能會下跌，因而投資意願顯得消極。不只是投資家，資本不足的企業對於副總理朱鎔基的緊縮政策也强烈抗議。這個緊縮政策，因爲過剩勞動力的問題，已經直接打擊到岌岌可危的國有企業，龐大都市勞動者的失業問題浮上檯面。

預測今後的中國，首先從經濟狀況來看的話，九二年以後進入高度成長期，同時通貨膨脹也不斷進行，高成長、高通貨膨脹的局面一直存在著。通貨膨脹率方面，八八、八九年爲十八％，創過去最高紀錄，九四年達到十九・五％，更超過前一年。中國出現異常經濟成長的狀況，但各國的有錢人打算將資金移到海外時，首先考慮的仍是中國，這種投資無異是自殺行爲。

即使中國整體的實質所得上升，農業與工業部門的成長率差距仍日益擴大。從事農業者去年實質所得爲八十七美元，而都市勞動者所得達二百零四美元。

工業生產增加了二〇％，但農業生產的成長率卻不到四％。只有投資才能夠解決狀況，但國內資本卻不願投入地方過疏地區。

筆者由空中俯瞰中華大地，不是壯觀，而是悲慘的光景。山被削平，大地開墾，中國以往拚命耕種、賴以生存的大地喪失了。靠自然吃飯的人卻過著流浪的生活，成爲盲流。

現今農業已經完全陷入瓶頸狀態，即使所得上升，但實質所得並未上升。

貧窮的不只是農民。國營企業大半都很悲慘，競爭上失敗。重慶一家有五千名從業員的國營紡織工廠倒閉，失業問題成爲一大社會問題。在四川省事實上的倒閉企業，包括基幹國營企業在內就有數十家。雖然享受著改革開放成果的沿岸部與此形成對照，但在資源分配方面還是以沿岸部較多，所以才能使沿岸部不斷開發。

貧窮的農民，想要榨取更貧窮農民的勞動力，沿岸部與內陸部的摩擦從歷史的觀點來看，會成爲點燃內戰的火種，動搖中國的安定。隨著沿岸、內陸的經濟差距不斷擴大，出現流民化現象，允許土豪們的群雄割據行爲，然後逐漸發展成內亂，可說是中國的歷史。

改革開放已經十五年了，私營企業和合辦企業的成功傳頌一時，但另一方面，失敗的社會主義體系卻是悲慘的。進行國營企業的解體，企業倒閉持續，產生大量的失業人口。甚至可能有五、六億人失業。

從四川省移往沿海諸省求職的人數達到八十萬，爲了求職而在國內遷移的農民擠滿了各都市的車站。根據政府的某項統計，這些移動勞工的數目達五千萬人。比農村地帶狀況較好的沿海地區人民也想移居，因此偷渡到美國的中國人大增。雖然很多人認爲中國的將來是一片光明，但中國人即使在遠渡重洋的四年內，或更久的期間得履行非常不人道的勞動契約，但他們仍嘗試移居海外。

農村地區的剩餘勞動力達到一億五千萬，到本世紀末爲止，可能會產生五千萬剩餘勞動力。

大鍋飯是表現社會主義中國的國營企業經營體質的名稱，在僱用薪資制度方面，尤其是「鐵飯碗」（即使企業經營不良也不愁沒飯吃）、「鐵薪水」（勞不勞動都一樣）、

「鐵椅子」（即使出錯也不會被辭）——三鐵成爲問題。以往的系統，一旦勞工配屬到工廠以後，必須由企業負責醫療、住宅、退休金等問題，企業甚至必須代行社會保險的機能，所以有人說「中國的工廠宛如莊園的存在」。但是經營不振的國營企業非常的多，根據上海勞工局的說明，只是在籍卻沒有工作的人，在市內就達到十幾萬人。九三年開設的同職業介紹所，每週四須與希望轉職者數百人面談。

雖然政府一再强調「三分之二的人已經再就職，被解僱的只有一部分，請各位不要誤解」，但勞工局本身卻與總工會共同出資，聚集企業內無法吸收的人，讓他們去開計程車或經營小吃店，做爲失業多發時代的應急之道。

沒有正式離開公司，但實際上調職的勞工也很多。「某企業中，請病假說要長期療養卻在其他地方工作的從業員，一千人中有一百人。」「三百人的工廠卻經常有五十人請病假。」這些「請病假族」的橫行，在上海等沿岸地區的報紙上經常見到報導。

至於對付這種情形的對策，例如寶山鋼鐵廠，八五年時有員工三萬五千人，但希望縮至二萬一千人，因而每年進行裁員，再由開發公司接收這些被裁的員工。

在同公司成立的八六年，聽說要裁員，一部分職業場所瀰漫著不安的氣氛，但是現在由寶山鋼鐵廠來製鐵，而修補設施或處理廢棄物等相關業務全都由開發公司確立分業體制。開始進行貿易公司等多角化事業，因此宣稱「想要離開原來的公司而來此的老練從業員得多」，全國同業的其他公司爭相觀摩。

據中國勞工部的統計，九四年的失業率三·六%，比前年多了一·三%，也比天安門事件後經濟調整，產生大量失業人口的八九年多。

與上次不同的是，失業者的再就職率從七〇%銳減爲二〇%，領失業救濟金者達八十五萬人，爲前年的數倍。尤其去年下半年以來實施金融緊縮政策，無法再存在冗員的企業，實際上已進行人員整理。

中國在八四年都市經濟改革以後，雖說「從業員可以解僱」，但是卻以企業的經營惡化爲理由，不允許解僱。中共政府更說「九五年失業率會更高」，所以「社會主義沒有失業問題」的神話時代已是過去。

欠缺衣物和食物的「貧困層」增加爲一億人，大半住在內陸部的農山村。中國政府到二〇〇〇年爲止，都必須應對貧困的現況。尤其省人口的三分之一，即一千萬人都是貧困層的貴州省少數民族，更是一大問題。

從貴陽乘車往東南走三百公里處，到達自治縣達便村。在農忙期休學的小學生扛著稻草，還有農耕用的水牛通過。兩層建築的古老木造房屋的一樓是豬圈。兩百二十户人家中有兩百人姓潘，是少數民族村落常見的「同姓村」。以水稻、玉米和養豬爲主業，每位村民年收入兩百八十五元人民幣。

在火車上，盲流經常會搶奪乘客的財物。

經濟改革開放的進展，使得以經濟犯罪爲主的犯罪增加了。

現在應該是考慮鄧小平的時期。鄧小平的隱退，不只是領導者的交替而已，也意謂著革命世代的退場。但是，誰是後繼者？任何人的力量都弱於鄧小平。

改革不斷進行，從某個角度來看，比毛澤東時代還不安定。即將發生的權力鬥爭更能比毛澤東死時更長期化。

中共領導階級的權力構造不安定。江澤民（國家主席、黨總書記）可能無法長久維持目前的地位。鄧小平時代開始時，沒有人知道兩年後他會成爲黨總書記、國家主席、總理。

長期以來，喬石、朱鎔基等人都比江澤民、李鵬重要，他們得到强力的政治、制度的支持。毛澤東死時，沒有人認爲鄧小平是後繼者，但兩年後他成爲最高領導人。而因天安門事件失勢的趙紫陽也有可能復權。

經濟混亂，通貨膨脹高揚，改革無法發揮作用時，國民就會要求變化而產生權力鬥爭。

現在可說是進入改革政策的困難階段，變化極大，負責目前政策的人就極易受到打擊。

朱鎔基被稱爲「中國的戈巴契夫」，另一方面，喬石被稱爲「中國的安德洛波夫」，雖然贊成改革，卻主張權威主義的手段進行。

中國實際上已有一億人從農村移到都市，地方也不願意將稅金的權限轉交給中央，所以國家的控制無效，中央政府失敗。

中國的共產主義體制就某種意義而言已經開始崩潰，毛澤東死去時的共產主義不復存在。雖然是由共產黨統治，但共產主義者的統治力量薄弱。

中國的經濟改革在各地產生强大的力量，以分權化爲前提。在八〇年代這是聰明的戰略，但是一旦權限移到地方當局或個人時，導入市場經濟，中央就會漸漸喪失支配能力。中共正是這種情形。權限逐漸轉移到個人、一般企業、鄉鎮企業、地方政府，而他們當然不可能再歸還北京。

北京決定增稅，他們卻說不，這是因爲不知道誰在北京主持政府。

與其說分權化一定會導致中國崩潰，還不如說分權化的中國會慢慢走向如俄羅斯那樣的聯邦制。

推翻歸還增值稅的約定

中國政府在九四年一月導入增值稅，當時政府曾言明稅負擔增加的企業會歸還增值稅。

但到了八月突然又說「不歸還增值稅給外資企業」，使得事態緊張。外資對於中共政府這種破壞公約的行爲，尤其是外資與民族企業的差別——感到憤怒。日本的三菱重工業開始檢討要撤回計畫的合辦事業。日本的合辦企業一年會損失一百億日幣。各位千萬不要忘記在中國「制度會突然改變」的危機。

在中國，稅制的改正等重要問題的決定，並不習慣公開討論，因此影響經營的政策變更常是突然發表，令外資企業慌了手腳。由於這次的影響非常大，因而引起強烈的反彈，但小規模的同樣事例在過去屢見不鮮，並無所謂的議會存在。

不存在民主主義的開發中國家也許會出現這種情形，但中國也太常發生了。在一片中國熱中的許多外資，並未注意到「制度急轉彎」的危機，像增值稅騷動事件只是其中之一。

負責徵稅的國家稅務總局推出「不歸還」方針，原本政府內部應該調整，不能夠破壞約定，但稅務總局卻不理睬，表示政府的調整機能有等於無。

到九月時，對於進口電工製品，國家進出口商品檢查局和國家技術監督局實施個別認證制度。認證制度在各地都會施行，但對一種製品做兩種認證，在世界上可說前所未見。這類問題相信今後仍會不斷出現。

日本中小型家具廠商當成木材加工據點而設立的合辦工廠，被當地的警隊封鎖。這間合辦公司中國方面的出資企業，在年初突然要求總經理下台，日本方面拒絕了，兩者形成對立。

二月下旬中國方面突然在當地的報紙上刊登「現在合辦公司的公印無效」的廣告。

但是，「没想到連警察也來了」。日本方面的負責人回憶當時的情形如是說。現在想想，中國方面事前很明顯的已與政府當局商量好，所以才會大膽地公告「公印無效」。雖說合辦的成敗與否最大的關鍵掌握在夥伴手中，但在中國選錯了同伴就會蒙受極大的損失。

爲了拜訪親戚而到當地去的香港市民〇先生，突然被公安局逮捕，理由是「〇先生的兒子無法支付對江蘇省淮陰市企業的債務」，而〇先生完全不知道有這回事。

在香港的家人很擔心，多方向當局洽詢，卻一直沒有回音，三個月後，到了十二月時，終於通知「只要兒子歸還借款，就會釋放他」。在這期間，完全沒有審判等手續。像這種情形，就是公安當局代行當地企業的意向。

就算沒有犯罪，光是生意上的爭執就有可能被抓。

據香港政府表示，過去三年來至少有十六位香港市民遭中共的公安當局逮捕，除了其中一位新聞記者被懷疑偷盜國家機密外，其餘十五人都要求支付金錢。

大亨李嘉誠也有牢騷

過去三年，來自海外的對中直接投資迎向轉捩點。在過熱的中國投資行動中，外資方面注意到出乎意料之外的大危機，恢復了冷靜。另一方面，近年來對於對中投資深表自信的中國方面，也開始基於產業政策而選擇外資。對中投資已經結束了外資與中國情緒化的「蜜月期」，而進入「計算時代」。

九四年十一月二十三日，香港發生了如下事件。

「投資家訂立計畫、投入資金，需要長期安定的政策」——香港最大富商李嘉誠在對中投資座談會中以平靜的口吻提出這個看法。曾見過中國最高領導人鄧小平的李嘉誠，平常並不會公開發牢騷，而他當天的發言顯示了他對變幻莫測的中國政策的不滿，因而倍受注目。

這個座談會的主要目的是爲了聆聽香港經濟界在貿易、投資等對中生意上的意見，中國對外經濟政策相關的高官們全都到齊，而李嘉誠的發言表現出「香港經濟界在對中生意上的不滿已達臨界點」，高官們也提出警告。

由增值稅歸還問題來自中國官僚制度的弊端，堪稱鄧小平心腹的香港大亨李嘉誠這番牢騷，也意謂著鄧小平的×日將近。

第８章
制軍英雄
控制鄧小平

中國政府係軍人政府

從一九六六年文化大革命到目前爲止，三十年來支配中國政府的主要大老有下列十二人。

毛澤東（軍長老）　已死
周恩來（軍長老）　已死
劉少奇（軍長老）　已死
陳　雲（軍長老）　已死
賀　龍（軍長老）　已死
葉劍英（軍長老）　已死
薄一波（文官）　八十六歲
楊尚昆（軍長老）　八十七歲
王　震（文官）　已死

鄧小平（軍長老）　九十歲
彭　真（文官）　九十二歲
李先念（軍長老）　已死

陳雲在九五年三月十日死去，如今僅存四人，都超過八十六歲。其中九人爲軍長老，其餘三人也是紅軍組織下培育的軍方關係者。中國政府就是軍人政府。一九七九年主張進軍越南的也是在政界復出的鄧小平。

在尚存的四人當中，還有二人是軍長老。

另外，最近發表的新「八長老」名單，可以發現中國繼任的權力者已浮出檯面。中國新「八長老」的名單已確定。長久以來，對新中國建國有功的革命元老被禮遇爲「八長老」，經過歲月的洗禮，這些人已減少爲「五長老」。但是，依去年十二月中旬死去的前黨政治局常務委員姚依林所發表的功績，出現了新的「八長老」，就是鄧小平（九十）、陳雲（八十九）、彭真（九十二）、楊尚昆（八十七）、宋平（七十七）、薄一波（八十六）、宋任窮（八十五）、萬里（七十八），現職這八人是僅次於國家主席江澤民的最高首腦，其他人物則個別介紹。

「舊八長老」是鄧小平、陳雲、彭真、楊尚昆、薄一波、李先念、鄧穎超、王震（順序不同），鄧穎超是周恩來之妻，結果由宋任窮代替，雖有若干差距，但一般指的是這八人。

中共國防預算增加二二・四％

中共於北京召開的全國人民代表大會（全人代）提出一九九四年預算案，國防預算連續六年以兩位數的比例增加，比前年增加了二二・四％。這表示軍方的發言力維持、擴大，同時以軍隊現代化發展為背景的最高領導人鄧小平的後繼體制架構也出現了，也可以視作中央軍事委員會主席江澤民所進行的軍事基礎確立計畫。

預算案過去最高達到六百六十九億一千九百萬人民幣的財政赤字上，國防預算竟大幅度增加為五百二十億四千萬人民幣，其理由是「物價上升，當然必須支付這些錢」。此外也說「（增額的大部分）是薪水的增加，軍人薪水一定要維持平均水準」，並說明是為了彌補物價上升及軍人的薪資。

但是政府致力投入的農業投資預算總額比去年增加十五％，文教、科學、衛生事業預算總額也只增加十八%，更凸顯國防預算總額的增加。

外交方面，自八九年鎮壓民主運動的天安門事件後，軍隊的影響力擴大，有人指出「軍隊的發言力與預算分配成正比」。尤其士兵與都市勞工相比，待遇極差，因此「國防預算的大幅度增加，可改善待遇、消除軍人的不滿」。

關於軍隊方面，强調「適應現代（國際）條件，提昇防衛、作戰能力」與「精兵化之道」，促進「軍隊近代化路線」，因而增加國防預算。

總理李鵬在報告中指出「江澤民同志推出的『利用合格的政治、依賴軍事、優良的作風、制定嚴格的規律、保證力量』要求，而必須邁向具有中國特色的軍精銳化之路」，强調江主席（中國共產黨總書記）領導的重要性。同時也是「毛澤東軍事思想」的表現復活。

人民解放軍進攻臺灣的威脅

台灣對中共使用武力犯台的危機感增高，九五年十一月十四日的台灣誤射廈門事件，就是在這種緊張關係中發生的。

《一九九五閏八月》提及「占領臺灣」的可能性在九五年八月最高，此書在臺灣成爲暢銷書，喧騰一時。

似乎是要搧動臺灣人民的不安情緒，中共方面好像月例行事一樣地重複軍事演習，九四年九月進行號稱中國史上最大規模的陸海空三軍聯合軍事演習「東海4號」，在東山島（與金門的地形、植物生態酷似，在距臺灣一百三十三公里的近距離處）舉行。十月又在上海外海的舟山群島實施包括核子潛艇在內，投入大艦隊的海空作戰演習。十一月在臺灣西北部金門近海進行以精鋭的南京軍區和廣東軍區爲主的三軍聯合演習。進入九四年到十一月爲止，中共做了十一次演習，幾乎都是以攻擊臺灣爲目標。

中國人民解放軍在十月一日國慶日，宣言決意以武力解決臺灣問題。五〇年代參加攻台作戰的將軍，長期從事臺灣工作的參謀長及太子黨（高級幹部的子弟）們，强硬主張要進攻臺灣。

臺灣軍事相關單位認爲，善於謀略戰法的中共不會採正面作戰，或進攻守備堅强的金門，而會將軍隊集結在對岸的福建省，吸引臺灣軍隊的注意，然後再以迅雷不及掩耳的決死隊攻擊守備能力薄弱的臺灣本島。

臺灣政界信心動搖，甚至提出金門撤軍論。金門距離中國廈門只有十幾公里。

去年十月，根據獨家報導，在中共中央軍委員擴大會議（七月十日）中，包含中共在九六年前要强行以武力攻占臺灣的秘密文件。

美國國際戰略研究所在最近的報告書中大膽預測：「九六年總統大選時，獨立積極派的民進黨勢力增大，若真的宣佈獨立，中共不管美國是否干涉，軍事攻擊臺灣的可能性極大」。

另一方面在臺灣，獨立機運異常高漲。臺灣的經濟成功與本省人（國共內戰後，到臺灣的稱爲外省人，以示區別），李登輝總統上台與民主化、國民黨保守派的後退與外省人數的銳減（在全部人口所佔的比例，本省人八二％，外省人十六％，少數民族二％），在國際關係上的不平等地位（承認臺灣的只有二十八個小國家）的不滿，以及言論自由等，提高了臺灣獨立的呼聲。

日語説的比國語還流暢，京都大學出身的李總統，很喜歡日本連續劇「阿信」和「東京愛情故事」的女主角莉香，每天都看日文報紙，甚至有人説他具有日本人想法。

學習日文比英文更盛行的臺灣，加入舊日本軍的軍人及眷屬很多，直至今日他們仍會高唱軍歌，緬懷往日。

中共首腦將來一定會在亞洲和日本一決雌雄，因此對他們而言，絕對不允許親日的臺灣獨立。現在臺灣獨立問題成爲東亞不安定的因素，儘管如此，完全没有感受到這種危機的日本，如果面臨著中共以武力犯台，會怎麼應付呢？日本絕不可能袖手旁觀。

鄧小平的×日後的中國大陸，統帥軍黨、具有領導人地位的可能性人物是誰呢？我在前面已說繼鄧小平之後，江澤民並不能成爲具魅力性的支配者。

實際上，有毛澤東的保證而坐上國家主席之位的華國鋒，不久即告失勢。華國鋒只在毛澤東死後的一年受到尊敬，隨即遭到鄧小平取而代之的命運。

公安出身、掌握珍貴情報的喬石，最後也有可能成爲領導者。鄧小平一直讓他擔任目前的職務——全人代常任委員會委員長，理由就在於此吧。

軍隊領導人楊尚昆及其弟楊白冰，也有很大的機會。暫時失勢的楊尚昆再次成爲八長老之一，回到北京，而同時曾失勢的趙紫陽也有可能會復活。

農民現在已不再甘於接受支配者的統治。當農民把收穫帶到地方政府去時，由官員發行白條票據交換。但那只是無用的票據而已，官吏根本不願意支付貨款，只會拚命拖延。在四川省、廣東省同時引發了大暴動。

政府官員將農民送來的收穫賣掉以後，把錢塞進自己的荷包，延遲支付貨款的日子，賺取利息；或是强迫農民捐些錢出來當做建設基金，以便建造公共廁所。這些强制手段當然會引起暴動。

四川省與湖南省出現農民暴動，後來中央曾通告地方政府不要向農民課徵稅金，但和去年同樣的，施政更苛刻。農民鬱積不滿，即使拚命增產，也不可能增加收入，如果再搜刮他們的血汗錢，勢必引起暴動。

政府官僚組織的腐敗在軍內部更爲顯著。九四年九月，在天安門發生了伊朗外交官遭解放軍上校射殺事件。關於這次事件，日本的傳播媒體報導說對上級不滿的士兵的個別犯罪，然而事件的根據還在更深處。

政府要員的兒子們被稱作太子黨，獨佔上校、中校等軍部的職務，而沒有有力的親戚當靠山，成績優秀的軍人也是不可能晉陞的。

太子黨的人都是軍人，不必穿制服，而且可以利用軍部內的特權，甚至將軍火賣給黑道分子，對他們而言，這是家常便飯的生意。

即使是超精英集團的北京軍區，都有這種腐化現象，而其他軍管區就更嚴重了。

對中國經濟而言的危險要素是石油。九四年，中國成爲石油進口國，並無增產的跡象。

石油不足的情形勢將越演越烈。加入GATT已經隨著時間表在運作當中，要計算環境維持的經費，就不能忽視西歐各國的呼籲。

中國自有一套工礦業生產的方法，但幾乎都不將環境經費計算在內，一旦列入計算，只怕中國經濟會陷入更窮困的狀態。

現在高成長的牽引者，以外資企業和鄉鎮企業等非國有部門爲主力，如果考慮到後鄧小平時代的經濟，則外資企業的撤退或進出的腳步，都必須先考慮。而今外資企業所佔的比例，工業生產爲十一%，貿易方面爲三七%，但勞工爭議就已發生了三百八十件。

由此可知，在經濟急速發展的背面，中國的基礎已開始動搖，以往支持中國共產黨的農民和勞工等强力同志，如今脫離共產黨。

問題在於共產黨已不具有壓抑這種全國性不滿的力量。現在想要全國性地行使力量，只有軍隊才能夠辦到。當國家發生動亂時，軍隊的動向是最大關鍵。分爲七大軍區的解放軍到底有何動作呢?會不會各自展現獨立的行動?或者脫離中央與地方結合呢?此外，是否會與不滿的農民和勞工一起行動?

在經濟優先的政策中，中央與地方的糾紛越來越大，而稱爲「諸侯經濟」的地方若有軍方的力量加入，不啻是如虎添翼。這是中央得注意的問題。

七大軍區分別是——

瀋陽軍區、北京軍區、濟南軍區、南京軍區、廣州軍區、成都軍區、蘭州軍區。

七大軍區中以濟南軍區、南京軍區較强，尤其是廣州軍區，在九七年要進行歸還香港的重要行事，考慮到香港的權利，當然會與北京激烈對立。這時，四十萬廣州軍區會有什麼動作呢?當然，除了廣州軍區以外的軍隊一旦進駐香港的話，廣州軍區也不可能安穩。如果真的與北京對立，那麼以軍事力爲後盾，進行權力爭奪的可能性也是不容否認的。

從中國悠久的歷史來看，以廣東爲據點的叛亂大大影響著國家的未來。談到廣州軍區，就是包括林彪下屬的精銳部隊，已經對北京堂而皇之地提出關於香港的霸權。

社會不安日益蔓延，幾乎到了無法收拾的地步，因此軍隊叛亂的可能性最高。

黨軍的世代交替

談到政治，當然與權力者的肉體問題密不可分。不管是哪個國家的政治家，過了革命期以後，肉體的年齡成爲重要條件。年紀太大的政治家必須將位子讓給後進的退休制度，是鄧小平强烈呼籲的重點，而下級幹部也適用這個制度。就如預期的一定會產生不滿，於是鄧小平在八七年辭去顧問委員會主任之職，八九年辭退黨軍事委員會主席的職務，以身作則。

這些都在十四屆黨大會及翌年的全人代生效，而結果形成今日的江澤民體制。如果這個體制會崩潰，應該是在九七年的黨大會及翌年的全人代。

總理李鵬按憲法規定，不可連任三次，因此在九八年的全人代必須自動辭職，而具有總理資格者，這時以年齡來看只有李嵐清。人事一定會有變動，但那應該是緩慢的變動，必須是極爲有力的人才能推翻這股潮流。

到九七年的黨大會時，喬石因爲已八十一歲，當然不是問題。到二〇〇二年的十六屆黨大會，江澤民、李鵬、朱鎔基、錢其琛、田紀雲、丁關根、陳希同等人都已經八十歲了。而七十多歲、現任副總理的李嵐清也將年滿八十歲，接下來就是李瑞環、李鐵映、吳儀。六十幾歲的只有王兆國、吳邦國、胡錦濤、溫家寶等人。

中央欠缺培育人才，而地方培育的黨官僚、行政官僚大力一揮，政治的不安定要素更爲擴大，鄧小平死後，這些力量想搬上檯面還稍嫌薄弱。中央的人雖已逐漸衰敗，但是仍有老年人鎮守。

江澤民在九四、九五年陸續任命新的上將，這緣於中國人認爲自己任命的人應該會對自己效忠。以江澤民而言，九三年六月提拔六人，九四年六月更一口氣拔擢十九人。雖然這不代表軍事背景薄弱的江澤民就能在軍隊内部確立基礎，但他的確是以此爲目標而有所動作。這二十五人當中大都爲林彪系，因此有人認爲以前一直坐冷板凳的舊第四野戰軍將獲得江澤民的提拔。

政府人才不足要歸咎於文革時期的教育體系混亂，目前中共教育水準最低的是三十幾歲的女性，其次是三十五歲以上男性，再其次是四十幾歲的女性和男性。應該成爲社會中堅的階層卻無法接受初等教育，因而決定了中國從内部崩潰的致命傷。在軍隊方面仍維持一貫的教育系統，所以就人才的智慧水準而言，軍中人才輩出。一般的大學到八〇年代再度發揮機能，從這裡培養出來的官僚，大概會在二十一世紀中葉抬頭，而軍隊在鄧小平的軍事改革中，例如設立國防大學等，可以說更重視教育機構，實施運用近代軍事的教育訓練。以此培養出來的新型軍人到二十一世紀時，當然會成爲優秀分子。

快的話，可能成爲軍區參謀長，或在各地方成爲合成集團軍的司令官，也就是說革命戰爭世代已經無法成爲軍隊的中堅幹部。

古人說「守成不易」，在政權被奪取之前，軍人非常强悍，而爲了守成，財源益形重要。當國家安定時，只要國家危機不存在，則支付軍人薪水的財政部握有極大的力量。中國掌握黨金庫與人事的代表就是陳雲，而實現革命、引導成功的功臣軍人，擁有既得權益的力量之代表就是鄧小平。自古以來、軍人與官僚關係交惡。

官僚明確劃分爲中央官僚與地方官僚。中央官僚在北京要搜集財源時，必須依賴地方官僚。地方官僚勢力强大，因此當北京要求「拿出一點錢來」時，地方官僚就運用力量幫忙。上海的官僚就是因此而擁有强力的地位。反過來說，上海自建國以來可說是收奪的歷史見證，在這段歷史中，忠實地把錢交給鄧小平的是上海時代的江澤民，所以他才能連晉兩級。

在中國也有拿得出錢和拿不出錢的地區，在戰前工業化最前端的上海當然拿得出錢，而以香港資本、華僑資本爲後盾，利用外資很早就發展起來的廣東也拿得出錢。只要拿得出錢來，政府當然會尊重他們的意見。相反的，從天津出來的李瑞環、李嵐清、胡啓立等人的發言權就較弱，那是因爲天津規模較小，無法拿出大筆金錢之故。在農業生產地，穀物等農作被收奪，這些地方當然產生不了什麼人才。要拿出大筆金錢，要集中很大的力量。先前曾指出，人才供給源只偏重沿海地區，一旦上海開發成功，那麼沿著長江沿岸都具有發展的可能性。

中國與越南之間，存在著二〇〇〇年的領土問題，兩者互不相讓。尤其是有關南沙群島，中國方面絕對不會讓步，軍隊也不會讓步。

臺灣與中共的中央政府作戰的話，廣東會有什麼動向?廣東基於歷史的血緣關係，和臺灣一向親密，在經濟交流、人文交流方面，廣東與臺灣往來比廣東與北京來得盛行。一旦北京政府攻擊臺灣，廣東可能聯合臺灣而背叛中央政府。當然，美國也可能介入，支援臺灣。現在中共政府對美國與臺灣的關係、APEC諸國、越南等非常緊張，理由就在於此。雖然國防部長威廉·培里表示與中國維持友好的軍事協調路線，但另一方面又以强硬的態度對付中國。

到目前爲止，掌握政權的人背後一定有軍隊支持，支撐鄧小平與毛澤東權力者，就是葉劍英、陳雲等軍隊領導人。如果是江澤民取代鄧小平，則什麼也辦不到，因爲軍隊會把他拉下台。

鄧小平曾遭四人幫整肅，三度面臨失勢危機，這時掌握先機的還是軍隊。當時廣東的葉劍英在深夜秘密的用飛機將他送到廣東，等到四人幫失勢，再將他從廣東接回中南海。

中國的軍人十分明白，要統治這樣的大國，必須是受軍人愛戴、受民衆歡迎的英雄式人物才有可能辦到。中國的英雄擁有大衆的支持，軍隊下達命令，就能夠毫不容情地取人性命。鄧小平、毛澤東都是這類理想的統治者。

中國能夠統一就是依賴共產黨的强力組織，以及背後用武力支持的軍隊，還有能夠統括這一切的政治家的魅力。鄧小平正具有强烈的魅力。

然而，具有這種魅力的後繼者，在後鄧小平時代的中國並不存在。

鄧小平的死，意謂著支撐中國體制的最後支柱倒下，至少，軍管區形成群雄割據的可能性極高。從軍隊流出的武器大量出現在中國各地，在雲南省，從軍隊倉庫用卡車載運出來的武器，公然銷售，人民只要願意，隨時買得到武器。

最惡劣的情形就是軍閥之間的抗爭，即內亂。鄧小平的×日在各方面都帶來深不可測的衝擊，甚至可能導致世界股市大跌，差不多跌五〇～六〇％。

而今，牽引世界經濟的投資熱在中國，一旦中國陷入黑暗，倫敦、華爾街、東京、香港股市都會暴跌，而且這不是史達林暴跌或甘迺迪被暗殺時所造成的騷動能夠比擬的。

中國的前途籠罩著巨大的灰雲。中國現在是前近代的世界，英雄（鄧小平）與武力（軍人）的支配成立了中國，它的本質和馬克斯主義、科學的社會主義完全相同，唯一改變的只是表面而已，畢竟一國的傳統和文化，不是那麼輕易就能夠改變的。況且中國人也不想改變。能夠控制軍隊者，才能坐穩政權的寶座。

第9章
中國內亂爆發的危險度

增長犯罪的中國內亂與農民的窮困

根據三月發佈的美國國防部情報顯示，鄧小平死後「中國分裂」的可能性達五〇%以上。關於分裂，也假設了一些情形，由於準確度極高，因此爲各位列舉如下。

◆例一

喬石與朱鎔基等長老聯手，使江澤民和李鵬失勢。

軍隊的改革派也與此同調，建立新政府。啓用深受人民歡迎的趙紫陽。軍部分裂，尤其廣東省形成獨特的體制。

◆例二

楊尚昆（軍長老）與親人楊白冰等人共同掌握權力，江澤民和李鵬失勢，喬石和朱鎔基留下。也就是說內閣以軍隊爲主體，朱鎔基負責經濟實務。

◆例三

喬石單獨掌握權力，排除長老們，趕走江澤民和李鵬，留下朱鎔基。

◆例四

江澤民爲了苟延殘喘而採用集團領導制，排除李鵬與喬石。

◆例五

沒有人失勢，經過二～三年的慌亂後，改革派與安定派的權力鬥爭越演越烈。國內的分裂使得軍部掌握主導權，回歸社會主義。

以上的例子是按可能性高低的順序排列。

總之，鄧小平的死代表著一個時代的結束，內亂激蕩，社會秩序大亂，同時犯罪大增。

現在就已經出現徵兆。以往在共產黨的强力領導下，中國農民相當順從，但是最近公安、工商管理、稅務、司法等公務人員想要執行任務時，卻遇到農民的阻礙和反抗，甚至死了人。

根據公安部的治安管理說明，去年全國執行公務受到阻礙事件達五萬九千件，超過十五萬八千人遭到檢舉。很多是發生在農村，佔三萬五千件。

在雲南省，派出所的所長和三名警察前去取締非法持槍和盜伐木材的罪犯時，被農民包圍，用石頭和木棒毆打，掉落河中。所長和兩名警察死亡。

福建省的八名警察逮捕刑事犯時，村長下令數百名村民包圍警察，讓犯人逃走奪去警槍，四名警察受傷。

這些事件多發的原因，有關當局分析是由於農民的順法意識不足，再加上不法分子擁有封建一族支配的觀念所致。農民貧困，而「不畏上位者」的風潮不斷擴張，成爲農民反抗的背景，也增長了與都市繁榮的差距。

頻頻發生的農民抗議行動總計幾達四萬件，其中有很多事件大陸報紙並未加以報導。

去年十二月在安徽省就發生了一件事。詳細的地名、人名不知，中國青年報如此報導：鎮黨書記將賑災金一千元與農民支付的化學肥料預約金中飽私囊，農民們要求歸還，黨書記就與公安聯絡。公安部隊陸續逮捕農民，而且向逃走的農民開槍。拚命追趕帶走自己兒子的巡邏車的母親遭到射殺。

其次在河南省鄧州郊外發生除樓鎮事件。以建設橋樑和農道的名目向農民要錢，但負擔比富加鎮重，徵收的錢被黨幹部和人民政府關係者揮霍掉。一位叫陳重中的農民打算向上級機關直接提出告訴，但被黨書記張德恩等幹部五人發現而將他槍殺，屍體放入裝滿石頭的袋子中沈入附近的池中，資料也都燒掉了。

此二事件都與黨幹部和人民政府官吏私吞公款有關，而類似事件未被發覺的不知凡幾。

最大的原因就是農民的負擔過重，光是負擔金就超過年收入的二〇％，而另一方面，鎮黨幹部和人民政府官員動不動就宴客，吃喝之餘還高唱卡拉ＯＫ，如此一來當然會引起農民暴亂。

很多日本人至今仍認為中國是漢字文明之祖，像紅軍英雄彭德懷和朱德就是筆者深感尊敬的人，但與現在的中國沒有什麼關係。像日本在混亂的時代也會出現西鄉隆盛、板本龍馬等英雄，然而時至今日，一味追求物質文化的世界，就像追求夢幻一般。現在的中國不再是「文明國家」，而應該稱作「犯罪國家」。

遵守社會主義中國這個國家，從生到死完全管理人民，並加以統治。雖然宣稱「社會主義市場經濟」而實施改革開放政策，但只有稍微緩和管理體制而已，人民的一切行動，不論是商業或非商業行為，直到今日仍在政府的監督管理下。

結婚、離婚、生產、就業、調職全部要獲得上級機關的同意，因此合辦企業、獨資企業都要一一向所轄機關提出申請，拿到許可證，手續非常複雜。

沒有公司法，公司的成立和經營全都由政府機關決定，甚至連公司經營管理的人事問題也要插手。

投資的交涉對象經常改變，而且不只是對象改變，甚至連已經簽約的合作公司都會改變。好不容易締結契約的公司，一旦正式進入營業或生產時，才發現對象換了。這種情形屢見不鮮。

外資企業在中國要設立、申請並不簡單，到審查許可爲止，要進行數次檢查，提出的文件經常達到一百至兩百種、公印五十個到三百個，時間有時要耗費三年以上。

八百伴進入中國市場在日本蔚爲話題，想要在全中國成立一千家超級市場的構想，並未得到國務院的認可，想要開一萬家連鎖店的計畫也無法順利進行，只好撤回。在北京的八百伴百貨公司也撤退了。

中共方面認爲在外國的各種投資形態中，最希望的是「合辦企業」，其理由在於能導入先進的科學技術、新的生產設備和管理經營方式，能夠促進產業構造的改革、促進商品出口、增加外幣收入，最重要的是不需要資金。

也就是說，完全適合自己條件的外資導入。

到了一九九五年，進入中國的日本企業超過一萬家，還在擴大當中。但另一方面，因爲各種麻煩而撤退的企業也不在少數。

持續兩位數經濟成長率的中國，目前維持著投資熱，急速發展的中國不斷拓展商機，但是同時也伴隨著較高的危險度，各位不可或忘。

例如，媒體拚命報導汽車、家電業和中國合辦的消息，而衆多中小企業遭遇困難、自中國撤退的情形卻不見報導。進入的企業雖多，而撤退的企業也很多。沒有雄厚資金的中小企業陸續撤離中國市場，尤其軟體公司更是慘淡經營。

其中最多見的就是進行合辦事業時，對方不履行契約。不遵守締約時的約定，獨自取得經營權的事實非常普遍，當然，日本方面不可能默不作聲，會向法庭提出告訴，但是法院根本沒有外資勝訴的案例，缺乏資金力的中小企業只好抱頭痛哭了。

勞動問題陸續出現

此外，對企業而言最麻煩的就是勞動問題。

最近在中國大陸因解僱問題和工資不滿而引起勞工騷動的例子激增。去年日本公司和日系飯店的員工要求調薪的示威陸續發生，而最近在中國的投資獲得成功的馬布柯馬達公司也蒙受山貓（一部分的組合員沒有組合的指令卻突然抗議）抗議的損害。

某家日本企業因爲不當解僱而發生勞資糾紛時，企業方面無計可施，而在關係人士的斡旋下請求不認識的人出面解決，或是支付法外賄賂。事後才知道引起這種騷動的人和出面收拾狀況的人全都是黑道分子，也就是說日本企業中了仙人跳的計。

像這類外資企業的勞動問題，很多都有當地黑道分子介入，而他們的目標當然是對準日本企業。

近來黑道分子大都「僱用」優秀學校，如北京大學、上海交通大學、廣州中山大學的畢業生，各有專長，進行情報武裝。

根據中國公安當局的說法，黑道分子給予高薪，聘請這些「知識分子」當參謀，那麼當問題發生時，就能以極高度的「戰略」介入。

他們最討厭擴大騷動，因此以不了解當地情形，最容易付錢了事的日本企業爲目標。而因爲受到黑社會威脅，投資的資金尚未回收前，很多日本企業就自中國撤退了。

這些頻發事件也反映了中國對外資企業的想法。

簡單地說，中共想要的是西方先進國家的技術和資金，只要能從外資企業手中取到這些資源，其他的不重要。因此，想要進入中國市場的企業絡繹不絕地來，而中國也不會拒絕。

最明顯的表徵就是合辦企業。大企業擁有雄厚的資金，能夠締結契約，而且可以給對方好處。但是不具資金力的中小企業，判斷對方的情報量和資金力有限，除了信任對方之外，別無他法發展生意，當然就會被有情報武裝的黑道分子當作揩油的目標，而束手無策。

相信今後會有更多對中國巨大的市場存有幻想的企業覺醒，留下資本和技術離開中國。

中共經濟猖獗的黑道分子

中共拚命進行經濟改革，但體制沒有改變，只是導入西方的經濟體系，實現經濟發展，矛盾當然全都出現了。而黑道分子也化身經濟改革開放的「鬼子」出現。

現今中國資本主義的「背後社會」的支撐者就是黑道分子。和俄羅斯的情況雷同。

中國表面上也進行「趕走鬼子」的宣傳。黑道分子儲備了甚至會危及社會基礎的勢力，同時一旦犯罪組織肥大化，也會阻礙改革開放的腳步，由於政府有這層認知，而想要趕走黑道分子。

廣州有將近四十名黑道分子因爲買賣麻藥而處刑，雲南省也有近三百名黑道分子被揭發，將近半數都被處刑。儘管如此，黑道組織並未遭到破壞，反而鞏固他們的力量，犯罪技巧也魔高一丈。黑道分子活躍的舞台是自由市場，可說是由社會主義轉移爲市場經濟的過程產物。

八〇年代，在中國各地自然發生，形成了自由市場，而改革開放更加速它的發展。在自由市場，包括家電製品在內及禁制品，全部都可以買到。握有巨額資金的自營業者出現，經營規模擴大，例如上海等個人企業在香港設立辦事處，購入貨物。根據國家統計，自由市場佔流通市場的七〇％，由此可知自由市場不斷地成長。

自由市場一旦從邊境擧起旗幟時，流民就會湧入，一旦得到許可，任何人都可做生意。因此很自然的，罪犯或離職的人就會潛藏其中。

甚至出現國有工廠被偸的東西流通市場的現象。廣州曾揭發販售麻藥的罪行，受犯罪污染的自由市場，便成爲黑道分子暗中活動的場合。例如，在雲南省攻擊日本觀光客，殺害兩名女性的犯人，就是在上海被通緝，正在逃亡的黑道分子。

此外，因爲生活困苦而犯小罪的都市貧困層也在增加，成爲犯罪預備軍。

從法治國家到人治國家

像這種造成大量犯罪發生的背景，在於賄賂的橫行。現在的中國社會，從根幹到末梢都盛行賄賂，似乎不賄賂就無法辦事。

在中國的幾個大都市，賄賂的收入超過正規收入的人佔將近一半。北京市內外資百貨公司裡數千元的物品，月收入不滿一千元的人民爭相購買的情形時時可見。

不論中央或地方，利用權限得到不正當收入的業種包括稅務、通關、建材、大眾傳播、法院、不動產管理、公安、運輸、衛生管理、著名大學的教師、飯店等，幾乎含括所有的業種。

即使是犯同樣的罪，有的人直接被判死刑，有的不經審問即開釋，不問法律或條例，只要用錢賄賂都可以「解釋」。中國已由法治國家變成人治國家。

鄰近北京飯店的五星級飯店「貴賓樓」十樓，設有中國最高級的宴會場所「紫金廳」。

從地下停車場搭ＶＩＰ專用梯直達紫金廳，黨和政府的幹部就可在無人注意的情形下出入。而十樓的電梯出入口更有幾名制服警察常駐。

鄧小平也會利用此廳，可知它倍受重用。

價錢以美元計算，一人爲一百到五百美元，包廂費和飲料費用另外計算。二十人在此吃喝一晚相當於平均勞工十年的收入，但夜夜高朋滿座。

收受的賄賂可以先匯到香港或海外的銀行，採用此法的人不在少數。黨幹部和高級官僚如此奢侈，地方的貧農和末端的人民解放軍士兵當然會心生埋怨。沒有收到賄賂的人想要錢的話，只好偷盜，這種風氣就蔓延開來。

河南省開封市所發生的事足爲表徵。開封是宋朝國都，曾經繁榮一時，被挖掘出來的宋朝珍貴文物都收藏在開封博物館。結果列爲國家一級重點保護文物的六十五件物品（幾乎都是青銅器）被盜竊一空。

這種事件被中國列爲十大新聞之一，而被追究責任的館長趙滿財處三年徒刑。

或許很多人會認爲這單純只是拜金主義作祟，但其背後社會高漲的不安是不容忽視的問題。持續膨脹的中國大陸雖有傲人的成長率，但犯罪率也節節昇高，和日本、美國的情形類似。

三惡猖獗的中國社會

三惡是指「賣春」、「販賣人口」、「文盲」。

隨著經濟開放，三惡比以前更猖獗。

新中國建國後，原本一掃而空的賣春婦女和性病又復甦了。建國後三年內犯罪發生件數已減少四〇%的新中國，成功地救出身陷娼窯的女性，並助其更生；六四年更宣稱性病已經根絕。但十年文革的的混亂期，情況完全改變。犯罪率再度上昇。後來在經濟活性化政策下，犯罪的兇惡化、廣域化、低年齡化、集團化不斷進行著，賣春、販賣人口、麻藥走私等暫時根絕的犯罪再度復活。

賣春已經成爲嚴重的社會問題。當初對外開放時，幾乎都是中國人之間的賣春，離家的流浪婦女爲了賺取生活費而出賣肉體，後來在「改革、開放」的政策下，由「個體户」（個人經營者）管理賣春的行業也出現了。

隨著對外開放的正式化，賣春的情形也有所不同。在廣州、上海、北京等沿岸開放都市，外國觀光客及派駐員、商人成爲賣春婦女的主要對象，目的是爲了賺錢，過舒適的生活或能出國。

在福建省的經濟特區廈門及南方門户廣州，女大學生賣春的情形屢見不鮮，不過大都以都市近郊的農村婦女出外賺錢較多。去年九月觀光勝地浙江省杭州，將賣春婦女和嫖客一舉成擒，計一百二十九人，九成的賣春婦女來自附近的農村。

在新中國斷絶已久的「人口販子」在數年前又告復活，造成嚴重的社會問題。由於農村貧困，加上法治觀念淡薄，使得情況更加嚴重。

河北省的人口販子，光是經當局確認的就有五千人以上，他們從當地帶走的女性超過兩萬人，也有利用賺得的錢建造豪宅的「人口販子專業農家」。在抗戰時所使用的地窖中，關著被誘拐來的女性，只要有「客人」來，就帶出來亮相，決定好買賣的價格即當場交易。好像買賣家畜一樣。

「人口販子」誘拐的大都是中國西南部貴州、雲南、四川各省貧困農家的女孩們。在人民公社時代，農民到外地賺錢是法律的規定，但現在出外賺錢卻被認爲是使農村富足的手段之一。對貧窮農村的女孩們而言，到都市工廠就業是她們的夢想。「在北京有好工作喲！」當地或來自他方的「人口販子」隨口胡謅，這些女孩們很容易就會相信，並隨著搭上火車，途中下車暫住民家，等到察覺被賣的事實，已是後悔莫及。

買方大都是江蘇、安徽、福建、山西、山東、河南、河北等華中、華北地區的農民。因爲貧窮、身體不方便、過了嫁娶年紀等理由而沒有老婆的農民很多。在徐州郊外的六個縣由「人口販子」手中買來的新娘就達到四萬八千人，甚至有個縣三分之二的新娘都是人口買賣的犧牲者。

「買新娘」對農民而言是傾注身家財產的事，因此常是全家動員防止新娘逃走，只等「生米煮成熟飯」。有的女孩逃走三次都被抓回來，結果腿被打斷。

由於中國農村父母把討厭的女兒賣掉的婚姻、承包婚姻已完全復活，因此「買新娘」也沒有罪惡感。即使雙親好不容易找到失蹤的女兒，如果付不出對方向「人口販子」買人的錢，就不交人。由於村人常會組成共同陣線阻撓要人，當地的辦事處也干涉不了。雖然「人口販子」最高可判死刑，但買新娘的村民會視其爲「替我們從遠方帶來新娘的恩人」而爲他辯護。

「人口販子」的買賣範圍廣大。去年春天，河南省進行調查，發現上海交通大學研究所二年級的女學生，被「人口販子」哄騙，以兩千五百元的代價賣給山東農民。犯人是十七歲的少女（河南省農民）。今年八月，西安女大學生在旅行時認識三個年輕人，爲他們所騙而被賣給山東農民，代價是兩千元。這些事件都反映出開放的男女關係。買賣的地區不只是農村而已。今年七月，在臺灣台北的特種營業店中也救出了九位十五到二十一歲被强迫賣春的「大陸妹」。

中國的文盲也不斷增加。解放前八〇%的國民都是不識字的文盲，新中國成立後，擴大掃除文盲運動，根據六四年的國勢調查，文盲率下降到三八%。文革時期的紅衛兵運動使得教育深受打擊，後來下放到農村的知識青年也非常活躍，使文盲數目減少。到去年底爲止，文盲人數達兩億兩千萬人，文盲率爲二〇・六%。

昔日頗見成效的文盲掃除運動，近年又亮起了紅燈。每年超過六〇〇萬人的文盲脫離者數目到九〇年後銳減，去年只達一百五十八萬人，而且更嚴重的是每年會新增加兩百萬人文盲。

新文盲誕生背景值得注意的就是中小學生的「流失」（中途退學）現象。在九〇到九三年，平均每年會有五百萬名中小學生在中途退學，去年躍爲七百四十萬人（小學三百八十萬人，中學三百六十萬人），換言之，小學生每一百人中有三人、中學生每一百人中有六人會「流失」，部分加入文盲的行列。「流失」的情形農村比都市嚴重，女子比男子多數。原本中國的文盲就有九五%出自農村，而且七〇%是女性。

農村的「流失」現象嚴重，這與農村改革並非無關。生產責任制的發祥地四川省，去年有將近一百萬人「流失」。該省人口佔全國約十分之一，「流失」人口卻佔全國的七分之一。各户承攬的農作，能夠幫忙的也只有家人，因此原本該去學校讀書的孩子也下田耕作。由於和國家締結的契約無法履行時會被罰款，因此農家只好拚命工作。「即使勉强讀到高中好了，想要進大學根本不可能，還不如下田工作賺點錢。」大部分農家都是存著這種想法。在許昌縣的某所中學，一班二十人有十七人「流失」。

由於人民公社解體，這種傾向越來越强。人民公社時代，隸屬於集團經濟，而人民公社解體後，成爲自由之身，卻被嚴苛的生產契約所束縛，看天吃飯的農業與其他職業相比，是辛苦又賺不到錢的工作。初期農村的「萬元户」（年收入財產超過一萬元的有錢人）幾乎毫無例外地都丢掉鋤頭，利用耕運機或卡車從事運送業，或是行商來賺錢。

放棄農業，外出行商或當建築勞工的農民不斷增加，爲了謀生而湧向都市的「盲流現象」非常顯著。即使父母的工作改變，期待子女賺大錢的心態是不會改變的。根據最近的調查顯示，中小學生及高中生十四%在中途退學，成爲童工（十六歲以下的少年工），在農地、工廠、建築工地和大人們一起工作。

在商品經濟發展的地區，「童工」現象更爲明顯。與廣東省並稱爲開放最前線的福建省，商品經濟特別發達，也是著名的洋裝、皮包集散地。某都市的中學生「流失率」達三三％，幾乎都在工廠和商店做「童工」。

「流失」問題最嚴重的是在女孩身上。很多父母認爲「反正早晚要嫁人」，因而不讓女孩去上學。究竟有多少農村父母認爲「女孩子不需要上學」呢？以下的數字或可作爲說明。去年未進入小學就讀的學齡期兒童，八三％是女孩；女孩的入學率爲四五％，二人中只有一人上小學。即使上學了，「流失」現象也非常嚴重，甘肅省附近，八成的女孩子只讀到小學五年級就中途退學。

官僚與軍人的犯罪增加

一九九二年春天，鄧小平到南方視察時，下達「加速改革、開放」號令以來，人民將其曲解爲「流汗、賺錢是好事」，而不論上下都拚命想要賺錢。

大學教授趁著上課的空檔在校園賣炸麵包，掀起贊成與否的辯論。一個一元的麵包是北京街頭小販常常在賣的食物，每個人就站在那兒吃，而大學教授賣麵包卻成爲話題。

最高領導人鄧小平所提倡的「先富論」（先使部分地區富足，再利用這個利益使落後地區活性化），使得「賺錢」變成人民最關心的事，貧富差距不斷加大。

總之，凡事朝經濟發展猛進。在日本花十年辦到的事情在中國只花二、三年就做到。而與當時的日本相比，都市和農村的差距更大，十二億人口的壓力更爲沈重。

官僚的犯罪增多。中國的官僚可說是犯罪，尤其是賄賂的溫床。

具有兩千年以上歷史的中國官僚制度，其背景是中國獨特的社會構造。中國社會的基本是血緣集團。

與土地緊密結合而濃密的人際關係，一旦放任不管就會加深對立抗爭，根本談不上統一。

歷代的統治者因此而感到煩惱，爲了解決，就必須依賴官僚。官僚是經由考試而選出來的，因爲考試就與血緣沒有關係。爲了切斷血緣和背景，產生了巨大的官僚制度，這就是科舉考試制度。

中國的官僚，與日本的官員尺度是不同的。官僚具有權力，而且集地位、名譽、財富於一身，彷彿所有的權限都集中在他身上。

官僚制度的特徵是金字塔狀的嚴格構造，社會主義中國這個構造仍然健在，由上開始是省軍級、地師級、縣團級……黨、政府的幹部們明確劃分。因所屬階級不同，住所的大小和環境、內部資料的查閱、傭人的人數等等，各種待遇都有差別。

由此可知官僚是特權階級，被庶民視爲高高在上。

光看給與的金額等數字，似乎沒有差距，但庶民卻得面對住宅困難的難題，兩家人住在擁擠的公寓中，而高級官僚擁有獨門獨院的住宅。

享有各種給付和照顧，因此根本不必打開荷包，醫療免費，退休後可領退休年金，毋需擔心生活困難。官僚的子女們所上的學校也不同。這類人結婚，子女成爲官僚的例子也很多。

雖然不完全是世襲的，但也非常接近了。

親戚朋友這時便爭相拉攏特權階級的官僚。

而官員們無法趕走他們，因爲這在重視「人情」的中國社會，會被看作沒有情誼、人性。

即使對陌生人冷眼相待，但對認識的人親切，這是中國人的處事原則。

如此一來行事就方便了，自然也會提高賄賂性。

官倒是權力犯罪

官倒的「倒」是北京方言顛倒的意思，是指橫流的經濟、黑暗的經濟。

「打倒官倒！鏟除腐敗！」要求民主化，站在示威群衆前頭的學生們，拚命叫嚷著「把自由還給我們」、「實現民主」等口號。

國家機關、國有企業、公務員利用權力使物資橫流，從事不法所得的行爲。想住好房子先要請客，然後再利用隨身攜帶的收音機或折疊傘等小型物品賄賂的方式，悄悄地遞給幹部，或塞一包未開封的煙到對方的口袋裡，讓他們能夠儘快地「定期」修理壞掉的電氣或水道問題，或幫忙買張票。這就是所謂的官倒作風。

資本主義國家依選舉的手續，使得權力成爲公有制，但社會主義國家則是共產黨特權階級的私有制。此外，權力的私物化，使得原本應屬公有的財產也私物化。

完全不在乎民意如何，只是獨佔權力，這就是社會主義國家的政府，在俄羅斯、在中國都是同樣的。與「官倒」權力等不可分的特權結合的權力者，中國共產黨幹部造成權力犯罪。

而「革命家譜系列」這個高級幹部相互之間的關係、人脈圖，暴露了中國共產黨的本質。

李鵬（總理）↓周恩來（前總理）與李穎超（前政治協商會議主席）夫妻的養子

李陽（海南經濟開發總公司副經理）↓李鵬的兒子

秦基偉（國防部長）↓李鵬的親戚

李鐵映（國家教育委員會主任）↓李維漢（前全人代常務委員會副委員長）與鄧小平前妻所生的兒子

趙大軍（海南華海公司副總經理）↓趙紫陽（前總書記）的兒子

一九九四年全國人民法院所接受的刑事案件，達六十萬三千三百零六件，其中包括官倒在內的經濟犯罪就超過九萬五千一百八十件。

官倒的出現和經濟、政治、社會都有關。在經濟方面，生產力不發達，商品經濟的初期階段，市場發育不健全而引起混亂現象。在政治面來看，雖然建立了社會主義的民主政治，但達成目標所必須的法律制度卻很欠缺，用權力奪取金錢或用金錢買得權力，金錢與權力的黏合現象增多。就思想面而言，殘留著封建主義與資本主義的腐敗思想。政府政策的錯誤也是一大要素。

再這樣下去，貪污瀆職與「官倒」作風絕不會消失。中國共產黨沒有使其消失的力量，人民不再相信共產黨所說的。毛澤東在天安門宣佈中華人民共和國的成立，但一個政策卻無法一貫持續十年以上。

五十年的失政使人民的道德水準及作爲其基礎的教育水準全部低落，共產黨幹部好像封建領主似的，今天的狀況不革除的話，中國終究無法培養民主化制度。

經濟開發造成犯罪激烈化

中共政府的經濟開發計畫是從香港開始，沿岸朝廣東省、福建省開發，第二階段則是在上海開河口，沿著長江朝內陸移動，就是所謂的T字型開發。

這個計畫相當合理，從南京到長江中游武漢爲止，有一萬噸，在上游的重慶也可容五千噸的船進入。考慮到中國鐵路網不完全可靠，這個水利之便對於原料的運入、製品的運出的確極具吸引力。

因此在經濟的波及效果下，長江下游的南京以猛烈的姿態北上。

中國是在一年內會發生兩萬件殺人案、十二萬件强盜案的犯罪大國。

對外國人犯罪會處以重刑，這是公安的方針，據說在上海偷盜二十五萬日幣及旅行支票的犯人最後被槍殺了。

但在內地根本不清楚這些，以日本人爲目標的强盜事件層出不窮。

在中國內地也有很多兒童被誘拐，男童會以二十萬到三十萬人民幣，女童會以五千元到一萬元人民幣的代價被賣掉，女孩的價格比狗還便宜。因爲像「北京狗」這種珍貴的幼犬可以賣到五千元到七千元，甚至還有賣到五萬元的。

因爲人們覺得當成寵物來養的狗最後還可以殺來吃，女孩卻沒有什麼用。

政府不否認很多事情都和「特殊身分者」有關，這個特殊身分當然是指與軍事、治安維持有關的人。

九四年十一月發生的劫案對臺灣造成很大的衝擊。一武裝集團在白天用軍用卡車發動攻擊，搶走四十七萬港幣。共有十幾個著軍服的男子，攻擊位在廣東的臺灣企業，犯下强盜傷害案件。中共當局當初也承認和軍方有關，後來又一百八十度大轉變地否認，事情最後不了了之。當局也管不了的軍內部，至今仍存著許多問題。

因爲加速經濟發展而逐漸混亂的中國，以沿海爲主，社會富裕了，但犯罪率也增加了。而且不只是百姓犯罪，連維持治安的公安也貪污瀆職，軍隊組織的犯罪有增無減，情況相當糟糕。

北京發生軍方校級人士胡亂掃射事件

九四年九月二十日早上，人民解放軍校級男子攜帶自動步槍和實彈九十發，自軍隊逃走，在北京市內外國人居住區附近與警察發生槍戰，受到牽累的伊朗大使館員親子八人死亡，三十多人受傷。犯人最後被警察開槍打死，但是據說他是因爲與長官發生摩擦才導致這次事件，中國政府爲此大受打擊。現場是北京最大的外國人住區，也是很多日本人所住的地帶。

這個胡亂掃射的校級男子隸屬於北京東邊距市中心約三十公里的通縣人民解放軍。

該男子在二十日早上，帶著自動步槍和子彈、開著四輪傳動車來到天安門廣場，得到通知的公安當局命令約一百名警察堵在建國門交叉點，穿著防彈衣、攜帶自動步槍在那兒待命。

六點四十分左右，該名男子爲了逃避路檢，把車右轉，結果撞上路邊的樹木，他棄車逃亡，拿出自動步槍對著經過的巴士、計程車、行人掃射。槍戰持續五十分鐘後，該男子終被警察開槍打死，但是也造成八人死亡、三十多人受傷的慘劇。公安當局調查他的動機，原來是因爲和長官起衝突，這次事件令軍方深感顏面無光。

造成這件悲劇的當事人是熟知軍紀的人民解放軍校級人士，而且警方事先已知道他的行動卻未防範，終而釀成慘案。

這次事件不單純是個別軍人的暴行，中國社會暗處的陰影日益擴大。

在權力中樞的重要地帶居然發生死亡十六人、輕重傷六十幾人的命案，著實教人難以逆料。因此可推論政治因素的可能性淡薄。

改革、開放，經濟不斷地躍進，在成功的背後必定也有衆多的落伍者。值得注意的是，不單是金錢方面，他們在精神面也趕不上潮流。所以中國社會存在著這些人，隱然是犯罪溫床。

九月二十日這對中國人來說是特別的日子，因爲正好是農曆的八月十五，即一年一度慶團圓的「中秋節」，而且再過幾天的十月一日是建國四十五週年紀念日，散居世界各地的華僑陸續返國。

犯人田明建在距北京市中心東方十四公里的通縣北京警衛區第三師團（主要任務爲防衛首都北京的特殊部隊）車輛大隊擔任副隊長。他是每年都會晉陞的職業軍人，而在今年的人事調動上卻沒有獲得升級，因而壓力堆積到極限，再這樣下去，作爲職業軍人也沒有出人頭地的機會，只好等著退役回鄉。

在中國，只有師、團長級以上的軍人才保證退休後生活無虞，雖然薪餉低，卻可利用軍方的設施度過一生。此外，北京警衛區和政府高官有密切關係，將來有可能在北京的民間企業謀得職位。

在事件發生的數週前，田明建因爲對未來感到不安而有神經衰弱的傾向，被禁止外出。

他向第三師團長及政治委員要求晉陞，遭到拒絕，憤而持槍殺死他們。

在天安門廣場造成多人死傷的田明建，結果也被殺死，而到最後他還拚命叫著：「我要死在天安門廣場！」

在三百萬人民解放軍中，潛在的「田明建」相信爲數不少。

中國的改革、開放政策並非與人民解放軍無緣。軍隊的近代化資金的一部分必須藉著内部的努力加以分配，因此軍隊也開始經營牧場、旅館業、不動產等。人民解放軍擁有服從的士兵、豐富的設備、由國民那兒榨取的稅金等良好的「經營資源」。事實上，軍隊的廚房非常豐富，但人民可以享受的市場經濟的恩惠，一般士兵卻享受不到。若能出人頭地，終身當軍人也很好，但是大半人都是没没無聞地回到鄉下老家。

在八〇年代中期以前，政府機關和企業也會積極地接受規律服從的退役軍人，但是現在，不具有任何技術的軍人已經不適應這個不斷改變的社會了。

他們爲國家奉獻出自己的青春時代，然而今時今日中國社會卻没有他們容身的地方，所以，販售使用過的兵器的事件才會層出不窮。

然而這些武器更加速治安的惡化。

在十年前號稱世界上少數治安良好地區的中國，由於經濟開發所換來的是，擁有大量武器和犯罪意識的社會。

第 10 章
一九九五年、
臺灣獨立的衝擊

臺灣西進？還是南進？

中共、臺灣隔著臺灣海峽，戰後長久以來一直維持著軍事上的平衡，倒也相安無事。持續受中共威脅的臺灣，一半以上的國家預算是用在國防上，因爲臺灣爲了保持它本身的存在，必須有軍事力背景。

臺灣的對外戰略隨著中共經濟發展逐漸上軌道，發揮市場魅力以後，無可否認的漸趨劣勢。在外交上臺灣也倍受打擊。

加上臺灣的經濟問題很令人憂心。和日本同樣的，以出口加工製品展現順差貿易的臺灣，隨著生活水準的提高，伴隨產生勞工薪資上揚的問題，因此把生產基地移至海外便成爲當務之急。這就引發了「西進或南進」的討論。西指中國大陸，南指東南亞各國，也就是說臺灣要嚴肅地二選一。

考慮到語言和商業習慣，認爲還是進攻大陸較好，因而選擇西進。這和日本當年迷惑於「北進或南進」的情形類似，結果日本選了南進卻失敗。

臺灣政府對在大陸投資慎重其事，維持西進、南進各半的狀態。

臺灣方面不敢在經濟上過於依賴大陸，害怕兩岸微妙的距離感紊亂。

大陸方面當然非常歡迎來自臺灣的投資，想要用經濟束縛住臺灣。中國政府對於條件相同的投資案，一定是以臺灣爲優先考慮，特別優待臺灣商人。

不過臺灣方面認爲這是想要吸收臺灣的戰略。

爲了統一臺灣，先讓福建省資本主義化，然後讓臺灣人在此地自由做買賣，解除對中共的警戒心。

事實上在天安門事件中，看到中共政府展現强勢力量的香港，在見識深圳經濟特區的活絡景象以後，也開始朝大陸發展商業。這種效果非常可觀。

臺灣企業在大陸的投資案必須經由經濟部一一檢查，而且據說臺灣最大企業台塑的一百億美元大陸投資案，令當局慌了手腳，趕忙加以制止。

中國架好的外交包圍網不斷逼迫臺灣政府，而內部則給予經濟壓力。

爲了跳脫這種困局，臺灣爲了生存而打出「再加入聯合國」的口號，積極參加國際社會。而在廣島亞運所發生的爭執事件就是這股潮流下必定會發生的事情。

染紅中國大陸的中華人民共和國被聯合國忽略了二十二年。七一年七月，聯合國總會通過聯合國二七五八號決議，即阿爾巴尼亞決議案，決定了中華人民共和國與中華民國（臺灣）所爭執的聯合國代表權問題。在決議之前，聯合國創始國之一的安全理事會常任理事國中華民國宣佈退出聯合國。

臺灣與中共保持距離，但在國際社會也想佔有一席之地，可是除了擁有日本或美國等後盾之外，根本不可能辦到。美國對臺灣而言是軍事的支援，而日本則是經濟、政治的支援。

臺灣對日本的貿易依賴度，出口約十%，進口約三十%，佔全貿易量的二〇%。雖然臺灣的貿易對象有一百五十個國家，但日本就佔了五分之一。

從對日本依賴的觀點來看，問題不在於貿易量，而是進口物品的細節。從日本進口的東西幾乎都是臺灣出口品所要用的重要零件。如果想要製造高附加價值的產品，一定要從日本進口關鍵零件。

一旦日本停止供給臺灣，則臺灣的經濟就無法發揮作用。臺灣想要靠出口賺取外匯，就必須從日本進口零件，這便是兩者之間的關係。

臺灣是「臺灣人」的國家

昔日受日本統治的臺灣人，在日本戰敗後非常高興，熱烈歡迎登台的彼岸同胞。但是同樣是中國人，而國民黨的雜兵們卻教文化教育水準較低的臺灣人感到失望。後來，當地民衆對於拚命掠奪的國民黨軍隊產生劇烈的反抗，發展爲「二二八事件」。

「狗走了，豬來了。」

這句俗諺道盡當時臺灣人的心情。

臺灣人的不滿在四九年蔣介石因內戰失敗而播遷臺灣，把中華民國的旗幟插在這座島上後，一直暗地蔓延著。

戰前就住在臺灣，佔全人口八二％的臺灣人，卻由只佔人口比十六％的外省人來治理，禁止說台語，强迫講國語（北京話）。有段時期，小學生在校園裡講臺灣話被抓到，必須罰錢。受到壓抑的臺灣人的怨恨，一直深埋在中華民國這塊看板下。

進入九〇年代之後，局勢起了大變化。關鍵就在於李登輝以臺灣人的身分當了總統，並站上國民黨權力的頂端。自從李登輝就任總統以後，包括宋美齡在內的外省人勢力強烈反抗，卻無法扭轉自八○年代後期國民黨黨員有四分之三是臺灣人的時代，而李登輝也在上任後逐漸穩固自己的立足點。

九四年春天，堪稱外省人最後王牌的郝柏村下台，由連戰就任行政院長，出現了由臺灣人所領導的李連體制。此外，總資產超過四百四十二億台幣的國民黨黨產，用來經營黨的企業，而管理委員長也是臺灣人劉泰英，國民黨的黨庫也爲臺灣人所掌控。在這期間，臺灣解除了戒嚴令、培養在野黨、修改憲法，朝著民主化順利前進。臺灣人現在可以堂皇地說臺灣話。

目前臺灣的國民黨只是名稱上叫做國民黨，而內容實則完全不同。

退出聯合國二十幾年，叫嚷著要再度加入的臺灣，過去與現在的實態完全不同。事實上七一年臺灣退出聯合國時，如果臺灣不堅持一個中國，仍能以臺灣的名義留在聯合國。但是蔣介石執著於中國的問題，臺灣因而失去議席。

現在的臺灣，完全是由中國大陸來台的外省人只佔全人口的五％，同時臺灣人可以直接選舉臺灣人的總統。在世界上衆人的眼前，民主的臺灣誕生，中共就會處於不利的立場。因此，中共絕不可能沈默不語。

而在九六年以後，臺灣將會配備向美國購買的F十六和愛國者飛彈，老朽化的軍備會再次開始整頓。中共當然也知道這一點。試想，中共怎可能等著看臺灣軍備更新呢？

五八年的台海危機是由討厭「中國會不斷擴大」的前蘇聯與中共引發的，而今俄羅斯也崩潰了。越南和印度的領土問題暫時告一段落。美國比起雷根時代，現在的領導能力著實降低許多。對中共而言，這是封住太平洋野心的絕佳環境。

對中共具有壓抑能力的臺灣一旦被消滅的話，只怕中共將會露骨地使出取得南方資源的手段，如此一來，領有權複雜的南沙群島和西沙群島都可以藉著中共的力量而到手。對於國內能源不足而問題嚴重的中共而言，在解決臺灣問題的同時也能獲得豐沛的能源。對這片海域擁有影響力，就能牽制日本的航路，增强中國對日本的發言力。

中共的國防費用前年佔十四·八％，而今年更是急增爲二二·四％，同時軍營企業的收入、不明朗化的國防費用到底增加了多少，根本無法計算。而中共增强海軍力也是衆所周知的事實。

不管戰爭是否會發生，臺灣一旦捨棄中國這塊看板，想要真正實現臺灣人統治臺灣的作法，中共絕不可能坐視不管，必會全力阻止。這個可能性也許在今年就會出現。

舊宗主國日本該怎麼辦

當臺灣海峽的危機真的出現時，日本又該如何應對？對於將國民黨政權稱爲「外來客」的臺灣人而言，在國民黨統治下成爲中國人過生活，和在日本統治下成爲日本人過生活，其實没有什麼不同。總之，從臺灣的歷史來看，日本將近五十一年的統治並未消失，而日本對於臺灣又真的能冷眼旁觀嗎？

雖然舊宗主國這個字眼和戰敗的日本是不相稱的，但在外國人眼中並非如此。尤其現在正捲入殖民地糾紛的歐洲各國，更有這種想法。

臺灣的新選擇，對日本而言也正面臨著困難的選擇，不只是慰安婦問題而已，事關臺灣兩千一百萬人的命運。

在亞洲，没有任何一個國家比臺灣對日本感情更好了，因此對臺灣真的不能輕忽了。可是考慮到日本的國家利益，也不可能正面和中共對立。一旦被中共視爲敵人可就糟了，這便是日本政府的想法。

目前放眼亞洲各國，中國以顯著的經濟發展爲背景，政治的野心勃勃。而對想要發揮積極作用保障亞洲安全的日本，中國也保持著高度警戒。

繁榮的亞太地區保持和平，經濟相互依存度提高，但在政治方面，幾乎是處於無政府狀態。因此，雖然了解保障地區安全的重要性，但無法找出地區内共同的敵人，因而很難加以防範。

甚至認爲在保障亞洲安全上，必須發揮作用的美國柯林頓總統的意向也不明。

日本希望美國繼續保障亞洲的安全以維持繁榮，但冷戰結束，美軍已自菲律賓撤離，再加上日本和亞洲各國的經濟結合度增强，在這種狀況下，日本政府内部當然會想要表現出保障亞洲地區安全的行動。

中共會以軍事阻止臺灣獨立嗎？

今日的亞洲，要決定假想敵國並不是簡單的事。日本等亞洲各國在冷戰時代，不僅要注意美、蘇兩大國，還要注意與中國的關係。

太平洋地區權力空白的產生，與其說是因爲美軍的撤退，還不如說是因爲前蘇聯的瓦解。前蘇聯構成國家及蒙古、越南、北韓這些東側同盟國經濟困難，也造成權力的空白。

中共隨著經濟力提昇，軍備亦增强，以前不過是虛擬的大國，現在則是真正的大國。新加坡、越南、臺灣等地對於自昔日就把南海視爲本國湖泊的中國，是否會以武力佔領南沙群島，取得領有權感到不安擔心。

中共空軍向俄羅斯購買新型戰鬥機，同時交涉要購買高性能的米格三一戰鬥機。海軍方面則向俄羅斯、烏克蘭洽詢，希望能買到航空母艦。中共擁有航空母艦只是時間的早晚。

同時中共也提供緬甸武器，但藉此而得到海軍基地的利用權。爲了取得國民支持而提出「强大中國」的口號，希望激起百姓的愛國心。而西太平洋的日本航路，再這樣下去就會受到中共控制。

中共的軍事目標現在不只是臺灣而已，也包括南沙群島到東南亞。對於東南亞海域增加存在感的中共軍隊的「野心」非常明顯，中共力量的擴大會影響日本安全保障政策的根幹。

李登輝總統曾明確宣示「中華民國（即臺灣政府）的統治領域及於臺灣、澎湖、金門、馬祖各島。」以往的「中國的正統政權在中華民國」戰後一貫主張，事實上已經撤回了。亦即從不承認中華人民共和國（即北京政府）的存在的虛構中自我解放出來，今後才能夠進行真正的民間交流。

「中共與臺灣可以兩立」，是臺灣人的想法。

但是中共本身對李登輝的「破冰」路線感到懷疑。一旦鬆懈的話，恐怕就會中了臺灣方面的計策，承認了「一國兩制」體制，可能演變成「臺灣獨立」，這是中共不願見到的事。因此在九四年秋天於日本廣島舉行的亞運大會中，中共方面異常堅持「排除臺灣」論。對中共而言，臺灣只是「在北京中央政府絕對支配下的臺灣省」而已。

李登輝總統說：

「既可以承認中共，也可以承認臺灣。」

如果臺灣一直是這種態度，恐怕中共就會認爲它是「必須摧毀」的存在。

中共認爲——

「雖然臺灣希望藉著『一國兩制』達到和平統一，但中共絕不可能承認『一國兩制』，允許臺灣加入聯合國。因此現階段依然要堅持『武力解放臺灣』路線。」

中共對於臺灣和「歸還香港」一樣，所採取的方針是「在一個國家內部，社會主義與資本主義兩體制共存有一定的期間（香港爲五十年），在這過程中要漸漸加以合併、吸收。」

看九三年四月的「四合意文書」可以了解，雖然擺出握手言歡的姿態，但另一方面卻想到「要一舉以武力解放金門、馬祖等地」，瀰漫著一股比冷戰時代還强烈的鬥志與危機感。

九四年八月在福建省東山島周邊，中國人民解放軍展開海陸空三軍大規模聯合演習，而九月甚至動員核子潛艇和驅逐艦，在上海灘的舟山群島附近進行過去以來最大規模的嚇阻行動。中共是否會踏平面積僅達它幾十分之一的臺灣呢？不單是臺灣人，自由主義陣營的人士也對此深表關心。

中共連續五年大規模擴大軍事預算，九三年度增加了十四·九％，爲四百二十五億人民幣。以這筆龐大的國防預算向俄羅斯、烏克蘭等國購買航空母艦和地對空飛彈，力圖增强戰力，希望靠自己的力量開發次期主力戰鬥機。

目標不只是臺灣而已。擁有豐富石油資源的南沙群島周邊海域及號稱具有世界上最强大新興經濟力地區的東南亞，還有逐漸成爲急速成長地帶的印度等地……全部都在中共的射程中。到西元二〇二〇年（據說這年中共會坐上世界第一ＧＮＰ〔國民總生產〕的實座），不斷推進可怕的世界戰略。

自從NPT（核武擴散防止條約）的無限制延長決定以後，中共卻在暗地裡進行核子試爆。爲五大國（五大核武國家＝聯合國五個常任理事國）之一默認獨佔的核武保有權，雖然其他國家頻頻要求禁止發展核武，但中國卻蠻橫不講理，令很多國家感到憤怒。

以歸還香港爲關鍵，不斷地發展經濟，而同時社會主義體制的維持漸趨困難，不得不以武力解放臺灣的中共，當然有可能動員航空母艦或核子潛艇來封鎖臺灣海峽。

透過南沙群島問題，ASEAN各國與中共之間的權利紛爭頻頻出現，而今後APEC的主導權等對立將更激烈化。

九五年，臺灣問題對日本而言是一大焦點。

第 11 章
鄧小平之死
為內亂的序曲

鄧小平的動向急切

鄧小平進入二月以後動向急切，但與他的死無關。不過這個事實在顯示了鄧小平的死期不遠。

日本和世界各國的媒體震驚地報導阪神大地震的一月二十日，香港的英文報紙也爆出「中國最高領導人鄧小平陷入昏迷」的驚人消息。

一月十三日，紐約時報刊載了對鄧小平三女的訪問內容，當時她曾說：「父親已經衰弱到無法自己站立。」

但是中國外交部發言人卻否認這個說法。他表示「雖是九十歲的老人，大致而言很健康」，可是日本政府也指出「鄧小平的病情已陷入危篤狀態」，所以相信那一天爲時不遠。

鄧小平靠著維生裝置和醫師群的治療，辛苦地活著，然而他已處於「植物狀態」，這是媒體的報導，同時預測他只能再活「數週到數個月」。

×日越來越逼近。據小道消息說，九四年十二月二十六日，鄧小平的主治醫師群向中央報告鄧生命危篤，但後來又恢復小康狀態。

到了九五年，長女畫家鄧林取消了預定在加州所開的個展，三女鄧榕在接受紐約時報的訪問時，也說明父親病情不樂觀。到一月三十一日開始的農曆春節，鄧小平也未露面。

儘管鄧小平的骨肉至親承認他非常衰弱，健康不佳，而且已是九十歲的老人，就算什麼時候死去也是正常的現象，但中國政府依然强調他「健康」。這種「政治的判斷」就是緣於「對民衆的不信任，害怕恐懼」。

鄧小平的死是遲早的事，中國共產黨、人民解放軍、西方諸國都有這層認知。但鄧小平到底是這個國家的樑柱，支撐著現在的中國，一旦他死了，必定會造成很大的衝擊。甚至以追悼爲名義的集會有可能發展爲街頭暴動，而經西方媒體報導後，有更大的可能形成動搖體制的大型運動，政府部門爲此深感不安。

毛澤東死時，雖然剛開始的一個月非當平穩，但逮捕四人幫的政變爲四人幫的集團領導體制畫下了休止符，之後華國鋒上台，可惜短期內即失勢。在鄧小平死後，同樣會出現相同的混亂和權力鬥爭。

毛澤東死時的內外情勢和現在完全不同，目前的狀況還算穩定，但是鄧小平一旦真的死了，中國必定會動搖。

昔日人民解放軍是中國共產黨的軍隊，但今日已脱離黨，成爲國家的軍隊。鄧小平讓軍方支持國家主席、黨總書記、軍事委員會主席江澤民，但是無法長久持續。據説江澤民在軍中的力量薄弱，雖然曾巡視七大軍區，去年也一舉提拔了十九名上將，但軍方並未對此表示感謝。

軍隊之所以脱離黨，是因爲西元一九八〇年代由於國防預算不足，軍隊開始自己做生意，進行貿易或出口武器來賺錢，結果是對黨的吩咐充耳不聞，輕視江澤民。

現在的情況彷若軍閥割據局面，對外推出北京政府當代表，經濟政策仍持續改革開放，但各地卻是群雄紛起的狀態，沿海與內陸的經濟差距越來越嚴重，民怨累積著，不知什麼時候要爆發。

少數民族要求獨立。由於內陸的軍隊擁有核子武器，因此可能會引起問題。

親近鄧小平的經濟人遭逮捕

最大型的國有企業首都鋼鐵（首鋼，總公司位於北京市）的前會長之子、同公司的香港子公司會長周北方（四十二歲），二月中旬在北京被捕，被懷疑有「重大經濟犯罪」的內容吸引衆人的注意力。他是被懷疑以不正當手段斂財，因此國家主席江澤民等領導部門陸續展開揭發腐敗的象徵性行動。

被逮捕的周北方之父是最高領導人鄧小平的親信周冠五，最近才突然表態辭去首鋼董事長的職務。在鄧小平還活著的時候就逮捕他身邊的人，這表示想要展現江領導部門的力量，睥睨「老鄧」時代的動向。

首鋼是所高營業額的巨大企業。周冠五在鄧小平指示加速經濟發展的一九九二年以後，收購了封閉的美國鋼鐵公司的鋼鐵廠及香港的鋼鐵公司，開始「展望國際」的行動，周北方可說是代表的尖兵。

首鋼也著手不動產業，甚至得到政府的許可設立銀行，相關企業超過數十家，規模龐大，但股份化的步調卻比其他國營企業緩慢，財務不透明。此外伴隨「國際化」，傳說逃漏中國課稅的海外資產相當多，不過都在「鄧小平光圈」的保護下未被揭發出來。

對於市場經濟化的中國而言，一大難關就是國營企業的改革。由於解僱的現象相當普遍，一般百姓對於企業幹部的國有財產私物化及政府幹部收受賄賂的行為相當反感。同時被稱作「太子黨」的高幹子弟倍受禮遇的情形，更加重這種緊張的氣氛。

中央在最近隨著鄧小平的健康惡化，最重視「堅持公有制」的保守派勢力又抬頭了。江澤民領導部門以在鄧小平政策護航下得到很多好處的首鋼為開刀對象，就是為了博取在「後鄧小平」時代的權力鬥爭中抬頭的保守派的歡心。

在十三日被捕的周北方，以高出市價甚多的價格收購秘魯的礦山，差額部分被懷疑為中飽私囊。再加上解放戰爭時與鄧小平出生入死的周冠五突然辭職，大致印證了鄧小平的影響力已經開始消失，甚至在香港出現這類看法。

根據香港聯合報敘述，最近在北京有數十名局長級幹部因經濟犯罪之名目被捕。在三月召開的全國人民代表大會中，決定以打擊貪污腐敗來提高威信的江澤民等人，因而展現這些行動。

周氏父子的失勢，令人不禁質疑鄧小平的影響力是否還存在。從鄧小平三女鄧榕公開發言談論父親病情的變化來看，總書記江澤民等現任領導層已開始鞏固政策面的自主性。這是香港觀察家的看法。

經濟政策面的背景也受到指責。同總公司採取「經營承包制」，只要將決定好的金額交給國家，則利潤可以自由活用。

這種制度是在八〇年代初期導入的，當時視爲是一種改革制度，但是隨著市場經濟不斷地轉換，今日已被視作落後的制度。在中央政府掌握著經營實權的副理朱鎔基等人，從以前就對這種作法有所不滿。但因周氏一族還有靠山，因而不敢出手制止。

另一方面，被稱作「北京銀座」的繁華街道王府井的大規模再開發計畫，現在也面臨中斷狀態。根據詳熟問題的「瞭望」週刊說明，在九萬平方公尺的工地上計畫建造七十公尺高的大型商業中心。

可惜高度超過首都的建築限制，可能有礙首都的景觀。此外北京要求麥當勞的王府井店轉移建地使用的契約期間，這也是一大問題。

消息來源指出，副總理朱鎔基爲此而嚴厲批判北京領導陳希同、北京市黨委員會書記（黨政治局員）。在後鄧小平時代，被視爲是顯著的地方脱離中央的作法，所以江澤民領導部門才會利用這個問題提出對地方獨自發展的警告。

根據臺灣報紙「中國時報」的報導，香港最大的財團「長江實業」打算在北京王府井建立大型商業設施的建設計畫，據說曾賄賂北京市副市長張百發的祕書等人，這些人因而被捕。在接受建設計畫申請時收賄賂，然長江實業對此事卻表示「無可奉告」。

長江實業首腦人物李嘉誠，和呼籲對外開放的鄧小平急速接近，加速了進入中國市場的投資。九四年十月，鄧小平三女鄧榕擔任代表的大廈分讓公司（中國深圳）在香港推出促銷計畫，當時李嘉誠的次子查理・李在旁陪同，顯示兩家人的交情匪淺。

中國隨著市場經濟的發展，黨、政府、國營企業幹部的腐敗情形日益嚴重，致使百姓的不信任感更深了。因此，察覺到危機感的領導部門展開了「撲滅腐敗宣傳活動」。

「中國的法律應該是高幹子弟和人民都適用。」鄧小平次女、擔任國家科學技術委員會副主任的鄧楠，去年曾針對黨幹部家族貪污橫行的現象提出强烈的抨擊，同委員會的其他副主任則因收賄而判刑二十年。鄧楠說：「即使是我的同事或幹部的子弟，只要收賄就該受罰。」

這次，連鄧小平的親信都不能額外施恩，可知中國當局真的想要撲滅腐敗，當然，也有效的給予外界現在的領導部門開始獨立的印象。但爲了預防意外，仍强調首鋼的問題只是個人的犯罪行爲。

應該中止第四次日幣借款

若說日本促進中國經濟開放的成功，絕不誇張。儘管如此，中國對日本的貢獻卻不置一詞。

日本打算提供中國歷史上最大規模的第四次日幣借款，總額達到一兆五千億日幣（中國方面要求的金額），相當於這十五年來第一次到第三次借款給中國的總金額。關於第四次日幣借款，從去年年末開始，個別發表案件，打算自來年起分三年內實施。

不僅如此，這幾年來日幣急速升值和經濟不景氣，使得進入中國的日本企業不斷增加。

面對鄧小平的死期不遠，日本政府還打算把這麼大筆的錢傾注中國大陸。

超過一兆日幣的借款還能像以往一樣促進中國經濟的成長嗎？日本企業也能共享「果實」嗎？這實在是令人感到懷疑。應該停止日幣借款，爲什麼呢？

海南島位於南海。八八年八月，竹下登首相訪問中國時曾保證提供一百九十億日幣的援助。日本方面彷彿借款不嫌多似的，在正式決定之前的八六年，設立中日經濟協會名下的「海南島開發協力委員會」（委員長春名和雄，現任丸紅會長），派出大量的視察團。而丸紅、伊藤忠與海南省緊密結合，進行大型的馬拉松大會。花了幾千萬日幣的回扣，卻認爲是「建立未來樂園」的先行投資。

在海南島開發計畫中，的確有人獲得龐大的利益，但是此項計畫最後卻如畫餅充飢般，不疾而終，而「海南島開發協力委員會」現在也無法發揮機能。

海南島原是距中央遙遠的孤島，如果以民間的方式投資當然不划算，而日幣借款計畫（道路、通信、港灣）雖受注目，但投標時日本企業熱中的通信卻被美國的AT&T公司標走。趙紫陽失勢後，掌握海南島開發實驗的江澤民及總理李鵬的意向就變得非常重要了。熱心開發的日本熊谷組在獲得大量的日本援助後，使得這個島變成香港、臺灣、東南亞的「華僑島」。

北京市的「中日青年交流中心」是第三次日幣借款的一環，獲得一百億日幣的無償援助，在九〇年秋天完成此項計畫。日本方面由黑川紀章設計事務所及竹中工務店負責，中國方面則由當時的總書記胡耀邦的出身基底——中華全國青年聯合會（金青聯）負責，從八五年開始進行。

目前由金青聯管理，二十層樓高，足可容納八百人的「二十一世紀飯店」據說「白天蟑螂橫行，晚上老鼠猖獗」，室內游泳池的水混濁。這在日本的話，立刻就會引發怨言。大廳及研修設備等建築物早就發黴了，壁材也開始剝離，庭院中打麻將用的大型建築物也改造成中古的飛機，成爲卡拉ＯＫ酒吧，其中不見日本人蹤影。

完工到現在不過五年而已，這就是無償援助所創造出來的中日「友好」。

此外，筆者住宿的北京第一飯店「長安飯店」服務也很差。

鄧小平死後的集團領導體制

中國的集團領導體制已起步。由於缺乏像鄧小平這樣的調整、決定的角色，因此領導者集團以「合議制」下達判斷，成爲新的政治架構，朝著確立黨內信賴性前進，持續關於組織運作的討論。

位於黨、政、軍領導地位的江澤民，不太可能確立壓倒性的主導權。

「一言堂」已經不存在，政治局或中央委員會的決定，是否能夠統率全黨員，今後會是重要的問題。

在今年的五中全會，就曾對此進行討論。不再是下級必須絶對服從決定，而是下級的意見可以民主的反映，即所謂「民主集中制」。

因爲市場經濟化而以個人或當地的利益爲優先的黨員不斷增加，要使全國的黨組織一體化，恐非易事。就好像「各省宛如不同的黨」，省或地區的獨立意識高張。中央或地方幹部的更迭，啓用新人是重要的方法，但是首長級人事必須由當地的人民代表大會決定，一旦地方反對，中央也不能强渡關山。除了最近在寧夏回族自治區遭遇失敗外，其他很多地方也是束手無策。

「一言堂」已不存在，因此很多人提出的呼聲是「一個人無法決定事情，應該由衆多意見中挑出最適當者」。也就是説雖是集團領導，但會出現多數派的鬥爭。

沒有軍歷的江澤民壓得住軍隊嗎？

當鄧小平死後政治發生變動，解放軍會有什麼動作呢？北京方面的看法互異。

軍方系統並非近代化的，內部仍是以人脈爲主，很容易受到政治影響，因此有專家說：「即使政治有所變化，軍隊應該還能中立。」

所以國家主席江澤民要將解放軍當成黨軍完全統率，不是容易的事。

去年年底，某位軍方幹部在會議中責難江澤民，而江澤民氣得坐在一旁。

軍方一些屬於解放戰爭中的軍隊派系互相勾結，人脈複雜，一個人很難掌握全體。即使是軍隊首要領導人，沒有軍歷的江澤民想在劉華清、張震這兩位軍事委員會副主席的幫助下統率三軍，可惜他們已是高齡老人。

而有力的長老楊尚昆雖然已經八十八歲，仍然很有精神。

楊尚昆曾任國家主席、軍事委員會第一副主席，支持鄧小平的改革路線，致力於軍隊的近代化，其弟楊白冰是前軍事委員會祕書長（現爲政治局員），兩人在一九九二年同被卸除軍職。

據說是害怕楊家兄弟擴大勢力會叛亂的軍長老們，建議鄧小平這麼做的。

這次事件在江澤民和楊氏昆仲之間畫下鴻溝，而楊氏昆仲在軍方仍有其影響力。

江澤民想要統率軍隊，就必須取得軍方出身的領導人物的幫助。來自北京的消息指出，江澤民可能會謀求與楊尚昆和解，使其站在顧問的立場協助自己。

鄧小平死後，一般人的看法是軍方的發言力會提高。政權需要軍隊的力量，不論是何派系成爲政權中樞，都需要正視軍方的影響力。

第 12 章

中國的假想敵國如今是日本

霸權國家中國的本性

中國有史以來到現代爲止，都以擴大霸權爲國是。因爲社會主義而導致經濟發展失政，但隨著鄧小平的「經濟開放政策」，成功地免費吸收資本主義國家的資本和技術，開始展現本來的霸權主義本性。其主要目的是：

1. 佔領西藏。
2. 南沙群島的奪取與南海的壓制。
3. 武力解放臺灣。

在今年，這三項中有兩項展現行動的可能性極高。對西藏的鎮壓强化已經提過，而最近的口號則是「知識分子們到西藏去」。

根據去年十二月三十日新華社通訊的報導，爲培養「青少年黨員」而煩惱的中國共產黨，從全國來年將自大學畢業的年輕人中挑選一百人，派至西藏自治區停留三年。目的是「了解民情」、「在嚴格的條件下接受磨練」，換句話說就是文化大革命時知識青年「下放」農村的精神，已搬到市場經濟時代。

選擇的條件包括政治思想和學業良好、健全而「具有潛力」。在西藏服務三年以後，回到北京可擔任黨的工作，以這點來看，與文革時期被派到農村，完全沒有未來可言的青年完全不同，而且這也明顯地表示中國政府想要完全佔有西藏的野心。

目標指向軍事大國

目前值得擔心的是中國的軍事力異常增強。八九年以後，中國的軍事預算以兩位數的比例持續增加，到九四年時達二〇%以上。

中國增強軍事力的目的，無非是想應對美國在波斯灣戰爭中所展現的高科技武力。

此外還有石油問題。石油的需要必是有增無減，中國在國境及南沙群島石油開採場周邊，駐有防守嚴密的海軍，同時擁有如美國等級的高科技裝備的艦艇。

基於這個方針，在七四年以後，把軍事力量延伸到南沙群島；八四年，海軍司令劉華清下達號令，認為中國應該建設強大的海軍力量。日本方面，九二年領海法發佈為日本領土的尖閣列島，中國主張爲其領土，因而不顧日本政府的抗議，先派遣部隊登陸。進入九四年，更進行兩次地下核武試爆。然而柯林頓主政的美國國防部卻意外地持樂觀看法，認爲不具軍事危險性，不過周邊的菲律賓、馬來西亞、印尼、越南、臺灣可是倍感威脅。

以往日本並沒有安全保障政策，雖是經濟大國，國防安全卻是依賴美國的守衛。日本沒有考慮到本身應對中國的軍事力量具有防衛能力，遇到萬一時，動不動就靠美國。如此一來，日本的政策非常危險。

筆者實在不明白，爲什麼日本每年要拿一兆日幣去援助實施核武試爆的中國！

中國已逐漸成爲日本的威脅。也許有朝一日中國會突然發佈領海法，聲稱「尖閣列島爲中國所有」。一般成熟的近代主權國家在發佈領海法之前，都會進行政策階段的討論，但中國沒有這種過程，所以很難預測它會有什麼動作。

中國軍隊而今形成產業化。中國在八〇年代開始產業化，軍隊現在也會利用巨大的土地和設備進行工業製品的製造，甚至經營起飯店和酒吧，只要能賺錢，什麼行業都做。這種不正當的手段和腐敗的現象非常嚴重。而各自與地方政府結合做生意的例子屢見不鮮，根本不接受中央政府的管轄，即使出口武器受到國際社會嚴厲批評，但因爲是各軍區的行爲，也很難壓抑。

在裝備近代化方面，國防預算的問題非常嚴重，尤其波斯灣戰爭中美國展現了高科技武力，中國更强烈要求裝備近代化。去年出版後就被查禁的「中國在下一場戰爭中能獲勝嗎」一書中，很明顯地表達軍方內部的要求。

書中强烈訴求編成航空母艦。該書以美國和日本爲假想敵國，描述將來可能發生的各種戰爭場面。尤其爲了取得南海的支配權，及應對印度增强的海軍力量，航空母艦是不可或缺的。

雖然財政吃緊，但國防預算每年仍不斷成長。

軍方的這些要求對政府而言是壓力，因其發言力日益盛大。現在是因爲鄧小平還在，所以沒有提出政治上的要求，一旦鄧小平死去，中國不只是黨中央，連軍隊都可能分裂。

不知什麼時候會出現爆發行動，重點就在於七大軍區的動向。七大軍區與地方的經濟圈組合，各自和地方政府結盟，爭權奪利。超越階級鬥爭的權力鬥爭是國內分裂的要因，而形成軍事政權的可能性也不低。

就在中國改變時，中日關係也會隨之變化。

中國人只把日本當作賺錢的對象，很少人對日本有好感。

日本則必須冷靜地討論要如何超越以往的情緒主義，與中國相處。

最近中國提出第四次日幣借款的金額一兆五千億日幣，日本政府爽快答應給予一半的數目。老實說，我覺得這太掉以輕心了。

中共開發新型飛彈

在「軍事力量平衡‧西元一九九四—九五年」中指出中共進行規模不一的核武試爆，可能具有開發新型飛彈的能力。

在核武保有國暫停核武試爆時，中共實施了第二次地下核武試爆，而九三年十月所做的核武試爆，核出力為十～五十千噸，至於上一次，即九五年六月也具有同樣的核出力，並表示「開發中的新型飛彈所需要的新一代彈頭，必須進行一連串測試」。

關於北韓所擁有的核武數量，目前「沒有確切的情報」，但美國中央情報局（CIA）長官及國防部長認為「北韓已製造核子武器」的發言，和美國情報的「證據」顯示，似乎已得到製造一個～五個核子武器所必要的鏞（Pu）。

北韓除了彈道飛彈「諾頓一號」以外，還製造了「提波頓一號」和「提波頓二號」，同時「輸出改良飛毛腿飛彈及諾頓，伊朗和敘利亞已經購買了飛毛腿飛彈」，此外還介紹未確認的情報，包括最近伊朗也將舉行諾頓的測試等。

關鍵在於從俄羅斯流出的核子物質，當成核子武器材料的鏞的處置也是一大問題。不過中國的飛彈比北韓的可怕。

東亞的安全在短期內一直受到北韓危機，的影響，但以長期而言，中國的企圖、地區軍備競爭的危機，才是日本的威脅！

日本請停止自虐外交

日本永遠都是犯罪者嗎？日本人在面對亞洲各國時，常感抬不起頭來，因而形成卑屈的低姿態，「什麼都不能說」。亞洲人都認爲「談到太平洋戰爭，沒有日本開口的份」，但面對二十一世紀將到來的亞洲時代，日本應該停止戰後五十年來的自虐外交。

去年永野茂門法相因爲說出「南京大屠殺是捏造出來的」而被迫辭職下台。以往日本的閣員，像藤尾正行文相的「日韓合併，韓國也有責任」的發言（八六年九月八日，罷免）、奧野誠亮對中日戰爭的發言「日本不具有侵略意圖」、「蘆溝橋事件是偶發的」（八八年五月十三日，辭職）等，因為對戰前、戰時日本行為的失言，而遭到來自韓國、中國的責難，或被罷免，或自動辭職。

經常呈失言、責備、謝罪形態的日本與亞洲各國的關係，是不健康的。

無可否認，中日戰爭、太平洋戰爭是侵略戰爭，但終戰五十年的今時今日，因而日本仍不斷舔舐舊日創傷？沒有一種宗教是鼓勵人去揭舊瘡疤的。

再者，犯錯的人都已經死了，現在的日本人都是當時支配階級的被害者。

以國際法來看中日戰爭、太平洋戰爭是否為侵略戰爭，還是個疑問，那是因為侵略戰爭具有國際法的明確普遍性，是在西元一九四五年的聯合國憲章簽訂以後的事，也就是第二次世界大戰以後的事。在此之前的世界，只有是否違反不戰條約的說法，事實上那時存在著許多侵略戰爭。

例如，西元一八九八年美西（美國和西班牙）戰爭的結果，美國得到了菲律賓和至今仍為美國屬地的波多黎各，這無疑也是一種侵略戰爭。而美國也是由侵略所建立的國家。

英國以前是世界上最大的侵略國家。在太平洋戰爭中與日本作戰的英美兩國也是侵略國，而太平洋戰爭日本主張解放由英美統治的亞洲殖民地，作法是沒有錯的。

中國經常說「我是被侵犯的」，但其本性卻隱藏著殘暴性。中國的歷史活脫就是侵略周邊國家的歷史，一直到今天，中國仍持續對西藏的侵略，然而中國把自己的錯束之高閣，卻一味地批判日本，他們又該如何自圓其說？

至於韓國，日本的確是侵略了韓國，但韓國拚命責備日本，卻爲何不向對中國施暴，打算侵略朝鮮半島的俄國說呢？要說殘暴，上述行爲都是殘暴的，之所以拿日本當對象，只因日本力量薄弱。

被侵略的不只是韓國和中國。至於臺灣，不單遭到侵略，從一八九五到一九四五年，受日本統治五十年，但是很多臺灣人並未要求日本謝罪。現在臺灣百姓可說是最親日的。

日本統治臺灣也有功績，像道路、鐵路、電信等建設，都是在日本統治下發展的。小港口成爲大港、建設機場、經營海外貿易，甚至能夠生產工業製品，可謂奠定今日臺灣的基礎。

臺灣不像韓國那樣具有高漲的反日情緒，親日的蔣介石逃到臺灣後，仍和日本的領導階層持續往來。

最糟糕的是日本的政治家。本來執政的自民黨在脫離政權後，反而以第二次世界大戰爲侵略戰爭的論點攻擊羽田首相，這原是共產黨、社會黨攻擊自民黨時所採取的論調。造成數千萬人喪命的第二次世界大戰，只不過是自民黨的政治家爲了奪取政權而利用的藉口罷了。

這種不知節操的作法，緣於日本所有的議員都是政客而已。政治水準低落至此，不管是誰取得政權，都無法贏得國民的尊敬。既然得不到日本國民的尊敬，當然也就得不到外國的尊敬。

爲什麼追究第二次世界大戰的責任達五十年不罷休呢？難道一百年後、兩百年後，日本仍要忍受這種責難？如果一直持續著「自虐外交」，日本戰後將永無休止之日。政治家應該宣稱一切都結束了，否則永遠會受亞洲各國的訕笑。

在外交上要和對手打交道需要氣概十足，現在的日本不只是經濟力，連實質的軍事力量也很强，他國在生意上無法獲勝、在技術競爭上無法獲勝，即使訴諸戰爭，也不見得能獲勝。但日本就有那麼一個弱點——太平洋戰爭，每次談到這件事情，一定要低頭謝罪，深受舊傷折磨。

或許因此，大家才認爲談到戰爭責任，日本就遭挫折。

當中國又抬出責任問題時，日本大可以回答：「那已是過去的事，也道歉好幾次了，如果還一再相逼，恐怕日本民衆的反中國情緒會高漲。」感到困擾的應該是中國，因爲中國需要日本的經濟協助。只要能壓抑中國，其他亞洲諸國也不敢提出無理的要求。戰爭是國與國之戰，並非國家與其他居民的戰爭；是國對國的賠償，而非對其他居民的補償。戰爭的補償是透過國家而成立的。中國完全不知自省，只是一味地責備他國。

以天安門事件來說，雖然受到其他國家嚴厲的責難，但中國完全無視這些壓力，只以「內政干涉」來搪塞，仍持續徹底推進與亞洲諸國的鄰近外交。

中國經濟圈是利用香港居民與海外華僑的財富及企業家精神在中國本土建立的，核心則是出身福建省與廣東省的人。這個地區的本家與華僑的血緣關係使得中國與新加坡、馬來西亞、印尼、泰國等新興工業國能夠建立堅固的管道。

中國經濟圈與日本經濟圈的衝突越演越烈，現在兩者的「據地會戰」已在亞洲上演。亞洲傳統上就受中國影響甚深。但日本透過ＰＫＯ（聯合國和平維持活動）而強化與高棉的結合，對越南也熱心進行經濟援助。致力於高棉的政治安定，日本減少對湄公河三角洲的農工業投資的危險。此外，中國在今年也接受日本一兆日幣以上的借款。

由中東進口的石油，中國在通過麻六甲海峽的問題發生摩擦，中國因而想到不要通過麻六甲海峽，直接通過緬甸境內。直接到達孟加拉灣，不經麻六甲海峽，就能確保通往「中東」的通路。中國現在開始整備在緬甸的海軍基地。其實中國已揹了一身債，但仍不斷增强軍備。

中國的假想敵國是日本

「北韓的飛彈對準日本」——九四年時這個話題造成日本一陣緊張，現在仍是問題。實際事件發生在九三年五月，因爲管制報導，日本民衆直到最近才知道有這回事。

九三年五月，由北韓東北部目標指向能登半島海灘、日本海中央部，進行四座彈道飛彈的發射實驗，其中一座劃出不自然的高彈道，大約飛出五百公里，因此在九一年夏天試射完成失敗射程約一千公里的「諾頓一號」。

射程圈內涵蓋了關東南部、北海道東部、除了琉球以外的日本全境。昔日俄羅斯所設計的飛毛腿系列飛彈精密度較低，誤差爲〇．五～一公里，諾頓一號若要具有同樣的水準，使用火藥彈頭無法發揮效果，因此有可能會開發核子彈頭。

北韓擁有小型的核子反應爐，根據斯德哥爾摩國際和平問題研究所的報告，「推測北韓到九一年底爲止，製造出可以當成武器使用的鏽五～十公斤（一～二發核子彈）。」衆多情報顯示引爆裝置已經實驗完成，問題在於小型化的技術。由於核子武器的威脅效果極大，因此一旦完成的話，成爲事實的可能性極高。

日本只注意北韓的核子彈，卻忘了還有中國的核子彈。

在日本人未察覺的當兒，中國已悄悄蓄積了將近四百發核子彈，詳細資料是軍事機密，所以不能公開，但目標已從俄羅斯改爲日本。

中國的軍事力量和國防預算所佔的比例，正確數字不明，不過九二年度的成長率達十四％，九三年度增加了十％。從經濟力及財政規模來看，大致的推測應該沒有錯，然實際上可能更多，甚至達一倍以上。

●陸軍兵力

陸軍現有兵力約兩百五十萬人，佔總兵力約三百萬人的七三％。主要戰鬥部隊爲步兵八十幾個師團、戰車二十幾個師團、砲兵三十幾個師團，這些編成二十四個集團軍，配置於全國七大軍區。主要裝備：戰車、裝甲車約一萬二千輛，各種大砲一萬五千門，射程五百公里以下的地對地飛彈若干。戰車目前以舊式的T五九和六九型爲主力，八五年開發了八五型。這種戰車爲箱型的新型砲塔，備有一〇五釐米砲、雷達測距儀、紅外線暗視裝置等，爲强化戰力的戰車。

●海軍兵力

海軍是由水上艦隊、潛艇艦隊、海岸防衛部隊、陸戰隊、海軍航空隊所組成的，兵力約四十萬人。水上艦隊又分三個艦隊，北海艦隊負責渤海、黃海的守衛，東海艦隊負責東海，南海艦隊負責南海。

艦隊總數約二千艘，一百萬噸，主要艦隊爲潛水艇約一百艘（戰略核子潛艇一艘、攻擊型核子潛艇四艘）、驅逐艦約二十艘、護衛艦約四十艘、搭載隊艦飛彈快速艇約二百艘。此外新設航空母艦，收購計畫還在進行中。

陸戰隊有一個旅團，海軍航空隊總機數約一千架，是由戰鬥機（主力爲殲七型）、攻擊機（强五型）、轟炸機（轟五、六型）所組成。全都配備在陸上基地。

●空軍兵力

空軍係由航空部隊、防空部隊、空挺部隊所組成，兵力約四十萬人。航空部隊又分戰鬥、轟炸、偵察、運輸等部隊，編成五十幾個師團和連隊。

總機數約五千架，戰鬥機包括由前蘇聯米格十七改良的殲六型三十架，由米格十九改良的殲七型五百架，由米格二十一改良的殲八型五十架，總計約四千架。攻擊機包括强五型五百架，轟炸機包括轟五型（ＩＬ28型）約三百五十架、轟六型（ＴＵ16型）約一百二十架。其中轟六型可以搭載核子彈頭，一部份搭載空對地飛彈。

空挺部隊有四個師團，分別配置在北京軍區和濟南軍區，隨時都可應付緊急狀況，爲最精鋭部隊。

●核子彈頭

據說有四百發。

中國軍方之所以强化軍事力量，是因爲受到波灣戰爭中高科技武力的刺激，因而想要表現更高的技術。從建立外交關係的以色列那兒，導入能夠延長轟炸機航續距離的空中加油機材和技術，自俄羅斯引進ＳＵ27型戰鬥機，同時也購入米格三十一型戰機和Ｔ72型戰車等。

日本已感受到中國强化軍事力量，在亞洲擴張勢力的威脅感。

陸軍七成以上都是使用高科技武器部隊，海軍甚至可以遠航到印度洋，空軍六成以上可進行全天候型的作戰行動——傳說是如此，所以「不會對周遭國家造成威脅」的看法恐怕是忽略現實的樂觀揣測。中國軍隊確實產生了變化。

最近，中、美、俄三國的軍事交流更爲活絡。

與俄羅斯的關係方面，俄羅斯總統葉爾欽訪問中國大陸時，在協助强化軍事技術上達成共識。同時國防部長遲治田公開訪問俄羅斯，雙方同意早期搬入最新式戰鬥機及S300防空飛彈系統，並派遣俄羅斯軍隊技術人員前往中國。此外也簽定關於偶發軍事衝突防止協定，當成彼此信賴的保證。

另一方面，自天安門事件後便斷絕關係的美軍，隨著美國太平洋軍司令官拉森訪問北京，再度復活。拉森並與人民解放軍徐副總參謀長在中美軍事交流强化上達成一致的意見。徐副總參謀長的訪美、美國國防部長訪中都會實現。

中國因爲與俄羅斯進行軍事交流而提昇武器的水準，其次打算從美軍那兒獲得最先進武器和技術。

人民解放軍不再只是如名稱所示的解放人民的軍隊，北京根本就把東自太平洋西半部、西到印度的範圍都看作「自家的庭院和海洋」，因此當然要具有「二十一世紀經濟大國」的軍事力量。基於上述的想法，中國當然會與美俄兩軍事大國進行軍事交流。

亞洲各國當然也會抗權中國的霸權主義及其威脅。

持續成長的中國已有力量改變這個地區的國際關係。

麻六甲海峽是日本的生命線，但它也是南海的出入口，這一點日本人卻沒有想到。現在南海已爲中國所控制，理由是奪取南沙群島。領土較小的日本執著於北方領土，這是大家都了解的，而擁有廣大領土的中國，爲什麼眼紅南海中如砂粒般大的南沙群島呢？這就是中國南進的目的——爲了確保石油資源。

以地理觀點來看，南沙群島最接近越南領地，其次與馬來西亞、菲律賓較接近，怎麼看都不該是中國的領地。

臺灣、中國、馬來西亞、菲律賓、越南、汶萊等六國，爭相擁有南沙群島的領有權。印尼和馬來西亞之間，以前就存在著領土問題。但在冷戰時期，越南的卡姆拉灣有前蘇聯海軍基地，菲律賓有美國的海、空軍基地，因此這些問題沒有顯在化。

日本人也許會以爲就那麼個小島，有什麼好爭的，但不要忘了這個海是日本的生命線，所以它不是「普通」的南沙群島，而是「重要」的南沙群島。

日本爲了擁有它，五十年前不惜與美國浴血作戰，數十萬士兵喪生在這座海域，而直到今天，它也是日本自中東進口石油的油路，一直依賴著它。

每當中東發生糾紛時，日本的產業界就一陣驚慌，而現在航路中央的南海又產生中國與越南紛爭的新威脅。

日本年間進口量的四分之三都靠這條航路，一年的往返次數超過一千四百次（一天三次以上）。由此可知南海是日本重要的大動脈。

在南海的海底，根據推測埋藏的石油量超過伊拉克和科威特，所以中國才會垂涎南海。

中國的石油資源，像大慶油田和勝利油田的生產量減落，國內產業急速成長，石油需要量增大，變成供不應求。中國在九三年也成爲石油進口國，亦以石油爲命脈。

中國是自私自利的國家。聯合國亞洲極東委員會所成立的亞洲海底礦物資源調查會在六八年對東海和南海實施海底調查，報告指出可能埋藏著石油資源，到了七〇年以後，以往中國不屑一顧的東海領有權和日本的尖閣列島，竟主張爲其領地，而與日本爭論不休。

九二年二月，中國制定「領海法」，堂而皇之地將紛爭中的尖閣列島和西沙群島、南沙群島列入中國領地中。

在九二年秋天中國共產黨第十四屆大會中，江澤民提出「領海的主權與海洋權益的防衛」的報告，支持軍方的發言，認爲用武力鎮壓力量稍嫌不夠，因此提出還是和日本、越南「將領土爭論束之高閣，共同開發」的建議。這真是狡猾的作法。

中國的動作不過是爭取時間的政治發言而已，再過五年，等中國的經濟力提昇，中國海軍壯大的話，態度又不同了。屆時南海將成中國與日本、越南角力的海域。

看地圖就對想要鎮壓南海的中國海軍基地一目了然。越南海軍的基地就是歷史上著名的卡姆拉灣，而控制菲律賓和台灣的中國海軍基地是在「香港」。

中國政府指定上海爲貿易的門户，視其爲亞洲最大的港都，而目標是「北方香港」的大連也在擴建中，所以香港將不會成爲貿易港口，而是作爲中國的海軍基地。

中央軍事委員第一副主席，同時也是國防部大官的劉華清如是說：

「中國是海洋大國，擁有一萬八千公里長的海岸線及六千五百座島嶼。我們爲了維護海洋權益，一定要建設强大的海軍。」

中國雖然否認增加軍事費用，但國防預算本年度爲五百二十億人民幣，比起前年大幅度增加了二二·四%，而未公開發表的國防費用，據説爲這數字的三倍。

總之，從各種資料可以明白中國的目標指向軍事大國，日本人絶不能忘記這點。中國打算控制作爲日本生命線的麻六甲海峽。

日本不能成為軟弱無力的大國

九四年，世界的海運業界共計發生一百零三起海盜事件，其中八成發生於亞洲海域。光是九五年，日本就有七艘船在麻六甲海峽遭遇意外，日本船主協會也加强警戒。只被拿走財物和貨品算是萬幸，至少無人傷亡。但這也啓人疑竇，是否針對日本人而來呢？

在ASEAN近海發生的海盜事件也不斷增加，新加坡船舶協會的發言人說，八九年只有三件，到九〇年銳增爲三十二件，九四年更達七十八件。

很難掌握犯人的真面目，他們在半夜於公海上行搶，被害船員聽出他們說的是馬來語或中國話。犯人一旦上岸，所過的生活和一般人完全一樣，如果沒有當場逮捕，很難在事後抓到海盜。

船公司也會出事。船公司除了船上被搶走的現金、電氣製品以外，停泊接受調查的成本也很高，爲了維持貨主的信用，只好沉默不語，因此各國當局很難掌握正確的情報，謀求對策。

根據香港海事救援協會中心所做的調查報告，指出過去十八個月來，在南海就發生了一百件國籍不明船隻襲擊油船和商船事件。其中半數很明顯的與中國海軍、公安有關。部分案件中國海軍也承認了，因此九三年六月在北京召開關於東海航行安全的協議，但狀況並未好轉。可能是中國海軍不服從命令吧。

後來海盜逐漸減少，但並未全部消失。東海和南海航線還是瀰漫著不安。

現在，中國的海軍力量僅次於日本，在亞洲算是强大的力量，到二十一世紀，計畫還要進行以航空母艦爲主的三大編成。此外，由於中國對緬甸的軍事政權持續軍事援助，因此位在印度洋的中國海軍基地也已著手進行。

日本生命線的麻六甲海峽，前後都有中國海軍控制著，可是有多少日本人知道這一點呢?中國把日本視爲假想敵國，日本不可不愼啊。

中國是個狡猾的國家，也許有朝一日中國海軍就會突然派遣部隊到尖閣列島去。尖閣諸島爲海底石油的寶庫，這點相當重要。

今後，日本不能再做個軟弱無力的「商人大國」。

大展出版社有限公司	圖書目錄
地址：台北市北投區11204 致遠一路二段12巷1號 郵撥： 0166955～1	電話：(02) 8236031 8236033 傳眞：(02) 8272069

•法律專欄連載•電腦編號 58

台大法學院 法律學系／策劃
法律服務社／編著

①別讓您的權利睡著了[1]		200元
②別讓您的權利睡著了[2]		200元

•秘傳占卜系列•電腦編號 14

①手相術	淺野八郎著	150元
②人相術	淺野八郎著	150元
③西洋占星術	淺野八郎著	150元
④中國神奇占卜	淺野八郎著	150元
⑤夢判斷	淺野八郎著	150元
⑥前世、來世占卜	淺野八郎著	150元
⑦法國式血型學	淺野八郎著	150元
⑧靈感、符咒學	淺野八郎著	150元
⑨紙牌占卜學	淺野八郎著	150元
⑩ＥＳＰ超能力占卜	淺野八郎著	150元
⑪猶太數的秘術	淺野八郎著	150元
⑫新心理測驗	淺野八郎著	160元

•趣味心理講座•電腦編號 15

①性格測驗１	探索男與女	淺野八郎著	140元
②性格測驗２	透視人心奧秘	淺野八郎著	140元
③性格測驗３	發現陌生的自己	淺野八郎著	140元
④性格測驗４	發現你的真面目	淺野八郎著	140元
⑤性格測驗５	讓你們吃驚	淺野八郎著	140元
⑥性格測驗６	洞穿心理盲點	淺野八郎著	140元
⑦性格測驗７	探索對方心理	淺野八郎著	140元
⑧性格測驗８	由吃認識自己	淺野八郎著	140元
⑨性格測驗９	戀愛知多少	淺野八郎著	140元

⑩性格測驗10　由裝扮瞭解人心	淺野八郎著	140元
⑪性格測驗11　敲開內心玄機	淺野八郎著	140元
⑫性格測驗12　透視你的未來	淺野八郎著	140元
⑬血型與你的一生	淺野八郎著	140元
⑭趣味推理遊戲	淺野八郎著	160元
⑮行爲語言解析	淺野八郎著	160元

•婦幼天地• 電腦編號 16

①八萬人減肥成果	黃靜香譯	180元
②三分鐘減肥體操	楊鴻儒譯	150元
③窈窕淑女美髮秘訣	柯素娥譯	130元
④使妳更迷人	成　玉譯	130元
⑤女性的更年期	官舒妍編譯	160元
⑥胎內育兒法	李玉瓊編譯	150元
⑦早產兒袋鼠式護理	唐岱蘭譯	200元
⑧初次懷孕與生產	婦幼天地編譯組	180元
⑨初次育兒12個月	婦幼天地編譯組	180元
⑩斷乳食與幼兒食	婦幼天地編譯組	180元
⑪培養幼兒能力與性向	婦幼天地編譯組	180元
⑫培養幼兒創造力的玩具與遊戲	婦幼天地編譯組	180元
⑬幼兒的症狀與疾病	婦幼天地編譯組	180元
⑭腿部苗條健美法	婦幼天地編譯組	150元
⑮女性腰痛別忽視	婦幼天地編譯組	150元
⑯舒展身心體操術	李玉瓊編譯	130元
⑰三分鐘臉部體操	趙薇妮著	160元
⑱生動的笑容表情術	趙薇妮著	160元
⑲心曠神怡減肥法	川津祐介著	130元
⑳內衣使妳更美麗	陳玄茹譯	130元
㉑瑜伽美姿美容	黃靜香編著	150元
㉒高雅女性裝扮學	陳珮玲譯	180元
㉓蠶糞肌膚美顏法	坂梨秀子著	160元
㉔認識妳的身體	李玉瓊譯	160元
㉕產後恢復苗條體態	居理安•芙萊喬著	200元
㉖正確護髮美容法	山崎伊久江著	180元
㉗安琪拉美姿養生學	安琪拉蘭斯博瑞著	180元
㉘女體性醫學剖析	增田豐著	220元
㉙懷孕與生產剖析	岡部綾子著	180元
㉚斷奶後的健康育兒	東城百合子著	220元

・青 春 天 地・電腦編號17

①A血型與星座	柯素娥編譯	120元
②B血型與星座	柯素娥編譯	120元
③O血型與星座	柯素娥編譯	120元
④AB血型與星座	柯素娥編譯	120元
⑤青春期性教室	呂貴嵐編譯	130元
⑥事半功倍讀書法	王毅希編譯	150元
⑦難解數學破題	宋釗宜編譯	130元
⑧速算解題技巧	宋釗宜編譯	130元
⑨小論文寫作秘訣	林顯茂編譯	120元
⑪中學生野外遊戲	熊谷康編著	120元
⑫恐怖極短篇	柯素娥編譯	130元
⑬恐怖夜話	小毛驢編譯	130元
⑭恐怖幽默短篇	小毛驢編譯	120元
⑮黑色幽默短篇	小毛驢編譯	120元
⑯靈異怪談	小毛驢編譯	130元
⑰錯覺遊戲	小毛驢編譯	130元
⑱整人遊戲	小毛驢編著	150元
⑲有趣的超常識	柯素娥編譯	130元
⑳哦！原來如此	林慶旺編譯	130元
㉑趣味競賽100種	劉名揚編譯	120元
㉒數學謎題入門	宋釗宜編譯	150元
㉓數學謎題解析	宋釗宜編譯	150元
㉔透視男女心理	林慶旺編譯	120元
㉕少女情懷的自白	李桂蘭編譯	120元
㉖由兄弟姊妹看命運	李玉瓊編譯	130元
㉗趣味的科學魔術	林慶旺編譯	150元
㉘趣味的心理實驗室	李燕玲編譯	150元
㉙愛與性心理測驗	小毛驢編譯	130元
㉚刑案推理解謎	小毛驢編譯	130元
㉛偵探常識推理	小毛驢編譯	130元
㉜偵探常識解謎	小毛驢編譯	130元
㉝偵探推理遊戲	小毛驢編譯	130元
㉞趣味的超魔術	廖玉山編著	150元
㉟趣味的珍奇發明	柯素娥編著	150元
㊱登山用具與技巧	陳瑞菊編著	150元

・健 康 天 地・電腦編號18

①壓力的預防與治療	柯素娥編譯	130元
②超科學氣的魔力	柯素娥編譯	130元
③尿療法治病的神奇	中尾良一著	130元
④鐵證如山的尿療法奇蹟	廖玉山譯	120元
⑤一日斷食健康法	葉慈容編譯	120元
⑥胃部強健法	陳炳崑譯	120元
⑦癌症早期檢查法	廖松濤譯	160元
⑧老人痴呆症防止法	柯素娥編譯	130元
⑨松葉汁健康飲料	陳麗芬編譯	130元
⑩揉肚臍健康法	永井秋夫著	150元
⑪過勞死、猝死的預防	卓秀貞編譯	130元
⑫高血壓治療與飲食	藤山順豐著	150元
⑬老人看護指南	柯素娥編譯	150元
⑭美容外科淺談	楊啟宏著	150元
⑮美容外科新境界	楊啟宏著	150元
⑯鹽是天然的醫生	西英司郎著	140元
⑰年輕十歲不是夢	梁瑞麟譯	200元
⑱茶料理治百病	桑野和民著	180元
⑲綠茶治病寶典	桑野和民著	150元
⑳杜仲茶養顏減肥法	西田博著	150元
㉑蜂膠驚人療效	瀨長良三郎著	150元
㉒蜂膠治百病	瀨長良三郎著	180元
㉓醫藥與生活	鄭炳全著	180元
㉔鈣長生寶典	落合敏著	180元
㉕大蒜長生寶典	木下繁太郎著	160元
㉖居家自我健康檢查	石川恭三著	160元
㉗永恒的健康人生	李秀鈴譯	200元
㉘大豆卵磷脂長生寶典	劉雪卿譯	150元
㉙芳香療法	梁艾琳譯	160元
㉚醋長生寶典	柯素娥譯	180元
㉛從星座透視健康	席拉・吉蒂斯著	180元
㉜愉悅自在保健學	野本二士夫著	160元
㉝裸睡健康法	丸山淳士等著	160元
㉞糖尿病預防與治療	藤田順豐著	180元
㉟維他命長生寶典	菅原明子著	180元
㊱維他命C新效果	鐘文訓編	150元
㊲手、腳病理按摩	堤芳郎著	160元
㊳AIDS瞭解與預防	彼得塔歇爾著	180元
㊴甲殼質殼聚糖健康法	沈永嘉譯	160元
㊵神經痛預防與治療	木下眞男著	160元
㊶室內身體鍛鍊法	陳炳崑編著	160元

㊷吃出健康藥膳	劉大器編著	180元
㊸自我指壓術	蘇燕謀編著	160元
㊹紅蘿蔔汁斷食療法	李玉瓊編著	150元
㊺洗心術健康秘法	竺翠萍編譯	170元
㊻枇杷葉健康療法	柯素娥編譯	180元
㊼抗衰血癒	楊啟宏著	180元

・實用女性學講座・電腦編號 19

①解讀女性內心世界	島田一男著	150元
②塑造成熟的女性	島田一男著	150元
③女性整體裝扮學	黃靜香編著	180元
④女性應對禮儀	黃靜香編著	180元

・校 園 系 列・電腦編號 20

①讀書集中術	多湖輝著	150元
②應考的訣竅	多湖輝著	150元
③輕鬆讀書贏得聯考	多湖輝著	150元
④讀書記憶秘訣	多湖輝著	150元
⑤視力恢復！超速讀術	江錦雲譯	180元

・實用心理學講座・電腦編號 21

①拆穿欺騙伎倆	多湖輝著	140元
②創造好構想	多湖輝著	140元
③面對面心理術	多湖輝著	160元
④偽裝心理術	多湖輝著	140元
⑤透視人性弱點	多湖輝著	140元
⑥自我表現術	多湖輝著	150元
⑦不可思議的人性心理	多湖輝著	150元
⑧催眠術入門	多湖輝著	150元
⑨責罵部屬的藝術	多湖輝著	150元
⑩精神力	多湖輝著	150元
⑪厚黑說服術	多湖輝著	150元
⑫集中力	多湖輝著	150元
⑬構想力	多湖輝著	150元
⑭深層心理術	多湖輝著	160元
⑮深層語言術	多湖輝著	160元
⑯深層說服術	多湖輝著	180元
⑰掌握潛在心理	多湖輝著	160元

⑱洞悉心理陷阱	多湖輝著	180元

・超現實心理講座・電腦編號 22

①超意識覺醒法	詹蔚芬編譯	130元
②護摩秘法與人生	劉名揚編譯	130元
③秘法！超級仙術入門	陸　明譯	150元
④給地球人的訊息	柯素娥編著	150元
⑤密教的神通力	劉名揚編著	130元
⑥神秘奇妙的世界	平川陽一著	180元
⑦地球文明的超革命	吳秋嬌譯	200元
⑧力量石的秘密	吳秋嬌譯	180元
⑨超能力的靈異世界	馬小莉譯	200元

・養 生 保 健・電腦編號 23

①醫療養生氣功	黃孝寬著	250元
②中國氣功圖譜	余功保著	230元
③少林醫療氣功精粹	井玉蘭著	250元
④龍形實用氣功	吳大才等著	220元
⑤魚戲增視強身氣功	宮　嬰著	220元
⑥嚴新氣功	前新培金著	250元
⑦道家玄牝氣功	張　章著	200元
⑧仙家秘傳袪病功	李遠國著	160元
⑨少林十大健身功	秦慶豐著	180元
⑩中國自控氣功	張明武著	250元
⑪醫療防癌氣功	黃孝寬著	250元
⑫醫療強身氣功	黃孝寬著	250元
⑬醫療點穴氣功	黃孝寬著	220元
⑭中國八卦如意功	趙維漢著	180元
⑮正宗馬禮堂養氣功	馬禮堂著	420元

・社會人智囊・電腦編號 24

①糾紛談判術	清水增三著	160元
②創造關鍵術	淺野八郎著	150元
③觀人術	淺野八郎著	180元
④應急詭辯術	廖英迪編著	160元
⑤天才家學習術	木原武一著	160元
⑥猫型狗式鑑人術	淺野八郎著	180元
⑦逆轉運掌握術	淺野八郎著	180元

⑧人際圓融術	澀谷昌三著	160元
⑨解讀人心術	淺野八郎著	180元
⑩與上司水乳交融術	秋元隆司著	180元

・精 選 系 列・電腦編號 25

①毛澤東與鄧小平	渡邊利夫等著	280元
②中國大崩裂	江戶介雄著	180元
③台灣・亞洲奇蹟	上村幸治著	220元
④7-ELEVEN高盈收策略	國友隆一著	180元
⑤台灣獨立	森　詠著	200元
⑥迷失中國的末路	江戶雄介著	220元
⑦2000年5月全世界毀滅	紫藤甲子男著	180元

・運 動 遊 戲・電腦編號 26

①雙人運動	李玉瓊譯	160元
②愉快的跳繩運動	廖玉山譯	180元
③運動會項目精選	王佑京譯	150元
④肋木運動	廖玉山譯	150元
⑤測力運動	王佑宗譯	150元

・銀髮族智慧學・電腦編號 28

①銀髮六十樂逍遙	多湖輝著	170元
②人生六十反年輕	多湖輝著	170元

・心 靈 雅 集・電腦編號 00

①禪言佛語看人生	松濤弘道著	180元
②禪密教的奧秘	葉逯謙譯	120元
③觀音大法力	田口日勝著	120元
④觀音法力的大功德	田口日勝著	120元
⑤達摩禪106智慧	劉華亭編譯	150元
⑥有趣的佛教研究	葉逯謙編譯	120元
⑦夢的開運法	蕭京凌譯	130元
⑧禪學智慧	柯素娥編譯	130元
⑨女性佛教入門	許俐萍譯	110元
⑩佛像小百科	心靈雅集編譯組	130元
⑪佛教小百科趣談	心靈雅集編譯組	120元
⑫佛教小百科漫談	心靈雅集編譯組	150元

⑬佛教知識小百科	心靈雅集編譯組	150元
⑭佛學名言智慧	松濤弘道著	220元
⑮釋迦名言智慧	松濤弘道著	220元
⑯活人禪	平田精耕著	120元
⑰坐禪入門	柯素娥編譯	120元
⑱現代禪悟	柯素娥編譯	130元
⑲道元禪師語錄	心靈雅集編譯組	130元
⑳佛學經典指南	心靈雅集編譯組	130元
㉑何謂「生」　阿含經	心靈雅集編譯組	150元
㉒一切皆空　般若心經	心靈雅集編譯組	150元
㉓超越迷惘　法句經	心靈雅集編譯組	130元
㉔開拓宇宙觀　華嚴經	心靈雅集編譯組	130元
㉕真實之道　法華經	心靈雅集編譯組	130元
㉖自由自在　涅槃經	心靈雅集編譯組	130元
㉗沈默的教示　維摩經	心靈雅集編譯組	150元
㉘開通心眼　佛語佛戒	心靈雅集編譯組	130元
㉙揭秘寶庫　密教經典	心靈雅集編譯組	130元
㉚坐禪與養生	廖松濤譯	110元
㉛釋尊十戒	柯素娥編譯	120元
㉜佛法與神通	劉欣如編著	120元
㉝悟（正法眼藏的世界）	柯素娥編譯	120元
㉞只管打坐	劉欣如編著	120元
㉟喬答摩・佛陀傳	劉欣如編著	120元
㊱唐玄奘留學記	劉欣如編著	120元
㊲佛教的人生觀	劉欣如編譯	110元
㊳無門關（上卷）	心靈雅集編譯組	150元
㊴無門關（下卷）	心靈雅集編譯組	150元
㊵業的思想	劉欣如編著	130元
㊶佛法難學嗎	劉欣如著	140元
㊷佛法實用嗎	劉欣如著	140元
㊸佛法殊勝嗎	劉欣如著	140元
㊹因果報應法則	李常傳編	140元
㊺佛教醫學的奧秘	劉欣如編著	150元
㊻紅塵絕唱	海　若著	130元
㊼佛教生活風情	洪丕謨、姜玉珍著	220元
㊽行住坐臥有佛法	劉欣如著	160元
㊾起心動念是佛法	劉欣如著	160元
㊿四字禪語	曹洞宗青年會	200元
51妙法蓮華經	劉欣如編著	160元

㊾根本佛教與大乘佛教	葉作森編	元

・經 營 管 理・電腦編號 01

◎創新經營六十六大計（精）	蔡弘文編	780元
①如何獲取生意情報	蘇燕謀譯	110元
②經濟常識問答	蘇燕謀譯	130元
③股票致富68秘訣	簡文祥譯	200元
④台灣商戰風雲錄	陳中雄著	120元
⑤推銷大王秘錄	原一平著	180元
⑥新創意・賺大錢	王家成譯	90元
⑦工廠管理新手法	琪　輝著	120元
⑧奇蹟推銷術	蘇燕謀譯	100元
⑨經營參謀	柯順隆譯	120元
⑩美國實業24小時	柯順隆譯	80元
⑪撼動人心的推銷法	原一平著	150元
⑫高竿經營法	蔡弘文編	120元
⑬如何掌握顧客	柯順隆譯	150元
⑭一等一賺錢策略	蔡弘文編	120元
⑯成功經營妙方	鐘文訓著	120元
⑰一流的管理	蔡弘文編	150元
⑱外國人看中韓經濟	劉華亭譯	150元
⑲企業不良幹部群相	琪輝編著	120元
⑳突破商場人際學	林振輝編著	90元
㉑無中生有術	琪輝編著	140元
㉒如何使女人打開錢包	林振輝編著	100元
㉓操縱上司術	邑井操著	90元
㉔小公司經營策略	王嘉誠著	160元
㉕成功的會議技巧	鐘文訓編譯	100元
㉖新時代老闆學	黃柏松編著	100元
㉗如何創造商場智囊團	林振輝編譯	150元
㉘十分鐘推銷術	林振輝編譯	180元
㉙五分鐘育才	黃柏松編譯	100元
㉚成功商場戰術	陸明編譯	100元
㉛商場談話技巧	劉華亭編譯	120元
㉜企業帝王學	鐘文訓譯	90元
㉝自我經濟學	廖松濤編譯	100元
㉞一流的經營	陶田生編著	120元
㉟女性職員管理術	王昭國編譯	120元
㊱ＩＢＭ的人事管理	鐘文訓編譯	150元
㊲現代電腦常識	王昭國編譯	150元

㊳電腦管理的危機	鐘文訓編譯	120元
㊴如何發揮廣告效果	王昭國編譯	150元
㊵最新管理技巧	王昭國編譯	150元
㊶一流推銷術	廖松濤編譯	150元
㊷包裝與促銷技巧	王昭國編譯	130元
㊸企業王國指揮塔	松下幸之助著	120元
㊹企業精銳兵團	松下幸之助著	120元
㊺企業人事管理	松下幸之助著	100元
㊻華僑經商致富術	廖松濤編譯	130元
㊼豐田式銷售技巧	廖松濤編譯	180元
㊽如何掌握銷售技巧	王昭國編著	130元
㊿洞燭機先的經營	鐘文訓編譯	150元
52新世紀的服務業	鐘文訓編譯	100元
53成功的領導者	廖松濤編譯	120元
54女推銷員成功術	李玉瓊編譯	130元
55ＩＢＭ人才培育術	鐘文訓編譯	100元
56企業人自我突破法	黃琪輝編著	150元
58財富開發術	蔡弘文編著	130元
59成功的店舖設計	鐘文訓編著	150元
61企管回春法	蔡弘文編著	130元
62小企業經營指南	鐘文訓編譯	100元
63商場致勝名言	鐘文訓編譯	150元
64迎接商業新時代	廖松濤編譯	100元
66新手股票投資入門	何朝乾　編	180元
67上揚股與下跌股	何朝乾編譯	180元
68股票速成學	何朝乾編譯	180元
69理財與股票投資策略	黃俊豪編著	180元
70黃金投資策略	黃俊豪編著	180元
71厚黑管理學	廖松濤編譯	180元
72股市致勝格言	呂梅莎編譯	180元
73透視西武集團	林谷燁編譯	150元
76巡迴行銷術	陳蒼杰譯	150元
77推銷的魔術	王嘉誠譯	120元
78 60秒指導部屬	周蓮芬編譯	150元
79精銳女推銷員特訓	李玉瓊編譯	130元
80企劃、提案、報告圖表的技巧	鄭　汶　譯	180元
81海外不動產投資	許達守編譯	150元
82八百件的世界策略	李玉瓊譯	150元
83服務業品質管理	吳宜芬譯	180元
84零庫存銷售	黃東謙編譯	150元
85三分鐘推銷管理	劉名揚編譯	150元

⑧⑥推銷大王奮鬥史	原一平著	150元
⑧⑦豐田汽車的生產管理	林谷燁編譯	150元

・成功寶庫・電腦編號 02

①上班族交際術	江森滋著	100元
②拍馬屁訣竅	廖玉山編譯	110元
④聽話的藝術	歐陽輝編譯	110元
⑨求職轉業成功術	陳　義編著	110元
⑩上班族禮儀	廖玉山編著	120元
⑪接近心理學	李玉瓊編著	100元
⑫創造自信的新人生	廖松濤編著	120元
⑭上班族如何出人頭地	廖松濤編著	100元
⑮神奇瞬間瞑想法	廖松濤編譯	100元
⑯人生成功之鑰	楊意苓編著	150元
⑲給企業人的諍言	鐘文訓編著	120元
⑳企業家自律訓練法	陳　義編譯	100元
㉑上班族妖怪學	廖松濤編著	100元
㉒猶太人縱橫世界的奇蹟	孟佑政編著	110元
㉓訪問推銷術	黃静香編著	130元
㉕你是上班族中強者	嚴思圖編著	100元
㉖向失敗挑戰	黃静香編著	100元
㉙機智應對術	李玉瓊編著	130元
㉚成功頓悟100則	蕭京凌編譯	130元
㉛掌握好運100則	蕭京凌編譯	110元
㉜知性幽默	李玉瓊編譯	130元
㉝熟記對方絕招	黃静香編譯	100元
㉞男性成功秘訣	陳蒼杰編譯	130元
㊱業務員成功秘方	李玉瓊編著	120元
㊲察言觀色的技巧	劉華亭編著	130元
㊳一流領導力	施義彥編譯	120元
㊴一流說服力	李玉瓊編著	130元
㊵30秒鐘推銷術	廖松濤編譯	150元
㊶猶太成功商法	周蓮芬編譯	120元
㊷尖端時代行銷策略	陳蒼杰編著	100元
㊸顧客管理學	廖松濤編著	100元
㊹如何使對方說Yes	程　羲編著	150元
㊺如何提高工作效率	劉華亭編著	150元
㊼上班族口才學	楊鴻儒譯	120元
㊽上班族新鮮人須知	程　羲編著	120元
㊾如何左右逢源	程　羲編著	130元

㊿語言的心理戰	多湖輝著	130元
51扣人心弦演說術	劉名揚編著	120元
53如何增進記憶力、集中力	廖松濤譯	130元
55性惡企業管理學	陳蒼杰譯	130元
56自我啟發200招	楊鴻儒編著	150元
57做個傑出女職員	劉名揚編著	130元
58靈活的集團營運術	楊鴻儒編著	120元
60個案研究活用法	楊鴻儒編著	130元
61企業教育訓練遊戲	楊鴻儒編著	120元
62管理者的智慧	程　義編譯	130元
63做個佼佼管理者	馬筱莉編譯	130元
64智慧型說話技巧	沈永嘉編譯	130元
66活用佛學於經營	松濤弘道著	150元
67活用禪學於企業	柯素娥編譯	130元
68詭辯的智慧	沈永嘉編譯	150元
69幽默詭辯術	廖玉山編譯	150元
70拿破崙智慧箴言	柯素娥編譯	130元
71自我培育・超越	蕭京凌編譯	150元
74時間即一切	沈永嘉編譯	130元
75自我脫胎換骨	柯素娥譯	150元
76贏在起跑點—人才培育鐵則	楊鴻儒編譯	150元
77做一枚活棋	李玉瓊編譯	130元
78面試成功戰略	柯素娥編譯	130元
79自我介紹與社交禮儀	柯素娥編譯	150元
80說NO的技巧	廖玉山編譯	130元
81瞬間攻破心防法	廖玉山編譯	120元
82改變一生的名言	李玉瓊編譯	130元
83性格性向創前程	楊鴻儒編譯	130元
84訪問行銷新竅門	廖玉山編譯	150元
85無所不達的推銷話術	李玉瓊編譯	150元

・處 世 智 慧・電腦編號 03

①如何改變你自己	陸明編譯	120元
④幽默說話術	林振輝編譯	120元
⑤讀書36計	黃柏松編譯	120元
⑥靈感成功術	譚繼山編譯	80元
⑧扭轉一生的五分鐘	黃柏松編譯	100元
⑨知人、知面、知其心	林振輝譯	110元
⑩現代人的詭計	林振輝譯	100元
⑫如何利用你的時間	蘇遠謀譯	80元

⑬口才必勝術	黃柏松編譯	120元
⑭女性的智慧	譚繼山編譯	90元
⑮如何突破孤獨	張文志編譯	80元
⑯人生的體驗	陸明編譯	80元
⑰微笑社交術	張芳明譯	90元
⑱幽默吹牛術	金子登著	90元
⑲攻心說服術	多湖輝著	100元
⑳當機立斷	陸明編譯	70元
㉑勝利者的戰略	宋恩臨編譯	80元
㉒如何交朋友	安紀芳編著	70元
㉓鬥智奇謀（諸葛孔明兵法）	陳炳崑著	70元
㉔慧心良言	亦　奇著	80元
㉕名家慧語	蔡逸鴻主編	90元
㉗稱霸者啟示金言	黃柏松編譯	90元
㉘如何發揮你的潛能	陸明編譯	90元
㉙女人身態語言學	李常傳譯	130元
㉚摸透女人心	張文志譯	90元
㉛現代戀愛秘訣	王家成譯	70元
㉜給女人的悄悄話	妮倩編譯	90元
㉞如何開拓快樂人生	陸明編譯	90元
㉟驚人時間活用法	鐘文訓譯	80元
㊱成功的捷徑	鐘文訓譯	70元
㊲幽默逗笑術	林振輝著	120元
㊳活用血型讀書法	陳炳崑譯	80元
㊴心　燈	葉于模著	100元
㊵當心受騙	林顯茂譯	90元
㊶心・體・命運	蘇燕謀譯	70元
㊷如何使頭腦更敏銳	陸明編譯	70元
㊸宮本武藏五輪書金言錄	宮本武藏著	100元
㊺勇者的智慧	黃柏松編譯	80元
㊼成熟的愛	林振輝譯	120元
㊽現代女性駕馭術	蔡德華著	90元
㊾禁忌遊戲	酒井潔著	90元
52摸透男人心	劉華亭編譯	80元
53如何達成願望	謝世輝著	90元
54創造奇蹟的「想念法」	謝世輝著	90元
55創造成功奇蹟	謝世輝著	90元
56男女幽默趣典	劉華亭譯	90元
57幻想與成功	廖松濤譯	80元
58反派角色的啟示	廖松濤編譯	70元
59現代女性須知	劉華亭編著	75元

61機智說話術	劉華亭編譯	100元
62如何突破內向	姜倩怡編譯	110元
64讀心術入門	王家成編譯	100元
65如何解除內心壓力	林美羽編著	110元
66取信於人的技巧	多湖輝著	110元
67如何培養堅強的自我	林美羽編著	90元
68自我能力的開拓	卓一凡編著	110元
70縱橫交涉術	嚴思圖編著	90元
71如何培養妳的魅力	劉文珊編著	90元
72魅力的力量	姜倩怡編著	90元
73金錢心理學	多湖輝著	100元
74語言的圈套	多湖輝著	110元
75個性膽怯者的成功術	廖松濤編譯	100元
76人性的光輝	文可式編著	90元
78驚人的速讀術	鐘文訓編譯	90元
79培養靈敏頭腦秘訣	廖玉山編著	90元
80夜晚心理術	鄭秀美編譯	80元
81如何做個成熟的女性	李玉瓊編著	80元
82現代女性成功術	劉文珊編著	90元
83成功說話技巧	梁惠珠編譯	100元
84人生的真諦	鐘文訓編譯	100元
85妳是人見人愛的女孩	廖松濤編著	120元
87指尖・頭腦體操	蕭京凌編譯	90元
88電話應對禮儀	蕭京凌編著	120元
89自我表現的威力	廖松濤編譯	100元
90名人名語啟示錄	喬家楓編著	100元
91男與女的哲思	程鐘梅編譯	110元
92靈思慧語	牧　風著	110元
93心靈夜語	牧　風著	100元
94激盪腦力訓練	廖松濤編譯	100元
95三分鐘頭腦活性法	廖玉山編譯	110元
96星期一的智慧	廖玉山編譯	100元
97溝通說服術	賴文琇編譯	100元
98超速讀超記憶法	廖松濤編譯	140元

・健康與美容・電腦編號04

①B型肝炎預防與治療	曾慧琪譯	130元
③媚酒傳（中國王朝秘酒）	陸明主編	120元
④藥酒與健康果菜汁	成玉主編	150元
⑤中國回春健康術	蔡一藩著	100元

國家圖書館出版品預行編目資料

世紀末　迷失中國的末路/江户雄介著；吳秋嬌譯
—— 初版，—— 臺北市，大展，民85
面；　公分，——（精選系列；6）
譯自：世紀末　迷失中国の末路
ISBN 957-557-594-6（平裝）

1. 經濟 - 中國大陸　2. 政治 - 中國大陸

552.23　　85002910

世紀末　迷失中國的末路　ISBN 957-557-594-6

原著者/江户雄介
編譯者/吳秋嬌
發行人/蔡森明
出版者/大展出版社有限公司
社　址/台北市北投區（石牌）致遠一路2段12巷1號
電　話/（02）8236031·8236033
傳　真/（02）8272069
郵政劃撥/0166955-1
登記證/局版臺業字第2171號

承印者/國順圖書有限公司
裝　訂/嵘興裝訂有限公司
排版者/宏益電腦排版有限公司
電　話/（02）5611592
初　版/1996年（民85年）5月
定　價/220元

大展好書 好書大展

大展好書 好書大展